インバウンド・ツーリズム振興の基本

国際観光誘致のしかた

小林天心

虹有社

まえがき

つい最近、カンボジアのプノンペンで行われたツーリズムセミナーに出席した。カンボジア各地で観光業をいとなむ方々向けに、同国観光省が主催した「日本にカンボジアをどう売るか」、がメインテーマのセミナーだった。カンボジアには有名なアンコールワットの遺跡がある。世界3大仏教遺跡のひとつとも、アジアで最も人気の高い世界文化遺産ともいわれ、カンボジアへの国際観光客は90%がここに集中している。

カンボジアが観光地として注目されるようになったのは、ようやく今世紀に入ってからだ。東西の冷戦構造により引き起こされたベトナム戦争と、それに続く戦乱や悲劇的な内戦があとをひき、カンボジアにようやく平安がおとずれたのは20世紀末だった。日本からの観光客数は２０００年におよそ2万人だったが、それからの5年間で7倍の14万人に急増、以後数年間は少しずつ伸びをみながら、10年には15万２０００人に達した。今や東南アジアでも期待の高いデスティネーションではあるものの、一方でマスツーリズムの望ましい管理ができるかどうか、行く末が危ぶまれているところでもある。

カンボジアに限らず、観光の一極集中はどこにも見られている。人気が出始めると、投資、オペレーション、マーケティングなどのすべてが「後追いで」そこに集中しがちだ。量的拡大にともない価格競争も激化する。マスツーリズムのマイナス面だけが目立つようになり、やがて観光地としての価値の低下を招く。将来を見すえた「マーケティングとイノベーション」の欠如があからさまにみられる状態。かつての日本の主だった観光地も同様だし、ようやく注目を浴び始めたインバウンドの客足にも、すでに同じような傾向が散見されている。

カンボジアに観光省はあるものの、予算はほとんどない。在外のプロモーションオフィスもまだない。あるのはアンコールというメガブランドのみである。いってみれば現在のカンボジア・ツーリズムは、すべてアンコールに依存した「なりゆき任せの観光政策」に近いと言えるかもしれない。逆にいうと、いかに早くアンコール依存から抜け出し、観光地やシーズンの分散化を図ることができるか、というのが死活的に重要な観光政策テーマとなってきているのではないか。

そんな話をしばらくした後に、フロアから質問が飛んできた。「日本人はカンボジアのことを知らなさすぎる。あれもこれも魅力はたくさんあるのに、アンコール以外見向きもしてくれないではないか」と。そこで、「知らなさすぎ、来てくれないではなく、どうやって知らしめるか、どうやって来てもらうか、ご自分で考えてください。何もしないで待つ姿勢では、市場をつかむことはむずかしい。具体策はかくかくしかじか・・・」というぐあいに応えながら、これは全く日本にも当てはまるではないかと考えていた。

観光立国を日本政府が言い始め、ぼつぼつ10年近くなろうとしている。日本各地で観光に対する期待値が高くなり、マスコミにも観光の話題が多く出てくるようになってきた。しかし日本が対外的に、計画的なツーリズムのマーケティングを行えているだろうかと考えると、これははなはだ疑わしい。また今までに知られていない地域などの、観光による対外的な取り組みは、ほとんど手つかずに等しいというのが実情だからである。ただ漫然と「次は観光か」、ていどに考えている自治体が多いのではないか。

11年6月に小笠原が世界自然遺産に登録された。島民たちのバンザイ姿がテレビなどで報道され、この夏は観光客数が前年同時期の倍ほどに跳ね上がっている。「島はミニバブル状態です」と現地からの連絡があった。しかし、ユネスコによる世界遺産という制度は観光のためにあるのではない。「宗教、人種、国境を越えて、人類共通の普遍的な価値のある自然や文化をお互いに認め合い、世界の平和構築に役立てよう。人々の心の中に平和の砦を築こう」というのがその原点である。したがって世界遺産登録は出発点に過ぎず、ゴールではない。というよりゴールなどはなく、未来への努力が続くだけである。遺産をより良い状態で未来につなげることが使命であり、それが文字通り人類の財産をたしかなものとしてゆく。その結果として、観光が恩恵をこうむることができる。

とくに小笠原のような小さな島々（沖縄の3％ほどしかない）では、今後やらなくてはならないことが多い。たった2500人ほどの小さなコミュニティだが、貴重な自然遺産を使い潰すことなどわけなくできる。環境保全を前提に島の人たちが協力しあえるか。これがなくては、東京都や国の支援も意味がない。せっかくの世界遺産ブランドも、いち早く空洞化現象を招いてしまうであろう。

本文でも取り上げているが、現在のところ小笠原に行くには船で片道25時間半かかる。それゆえ「観光地マネジメント」は、その気になればとてもやりやすい。日本各地の先駆けとなる面白い実験もたくさんできるだろう。たとえば「環境保全分担金」として、一人あたり5000円ほどの入島料を払ってもらい、遺産価値をさらに高めるための財源にする。島内無料電気バスシステムや太陽光発電なども含めた、遺産地域にふさわしい環境管理。人数を追いかけるのではなく、ひとりのお客さんになるべく長く滞在してもらう作戦。小笠原マラソンの導入も、今がベストのタイミングであろう。とにかく、なり行き任せでは小笠原もうまくゆかない。しっかりしたビジョンと戦術に基づく観光政策の実行が、外からの支援をも呼び込むことにつながる。

というわけで、これからの観光地あるいは観光経営というのは、待っていてはだめである。地域が「商品」として売れるかどうか、十分に吟味しなくてはならない。あるいは力をあわせてつくりだす。そこに住む人々が、その地域をどのように磨きあげられるか。よそとの比較において何が訴求の対象となるのか、徹底的な検証と把握を行う。そして販売促進や流通を考え、望ましい価格的判断、どうしたら持続的にその価値を高めてゆけるのか考える。実行に移す。それはカンボジアであれ小笠原であれ、そのほか北海道でも東北でも変わらない。国際観光競争力とは、つまるところ世界遺産の数しだいなどという向きもあるのだが、それは他律的現状認識に過ぎず、放っておけば退化するばかりである。地域オリジナルの自然や文化に裏打ちされた観光素材に限りはない。いくら世界遺産と叫んでも、内発的な地域の力がそれを支えない限り将来に向けての進化は難しい。観光を叫べば叫ぶほど閑古ドリが鳴くだろう。

といったあたりを前提にしながら、当書では一定の地域を対外的に売り出してゆく自律的組織としての「観光局」を想定し、その国際観光マーケティングの基本を論じる。地域というのは、九州、四国、東北といったようなブロックごと、あるいはひとつの県単位ぐらいをイメージしてもらえるとわかりやすい。

第1章は日本や各地の魅力をどうとらえ、どのように訴求するのか。観光局の使命は何かについて。第2章は、魅力ある観光地形成の基本、あるいは「観光商品としての地域力」とはどういうことをいうのか。第3章はツーリズム・マーケティングの基本というべき販売促進について、とくに宣伝広報の大切さや具体策について論じた。第4章は日本という国の、観光面における制度や装置について。国際観光面で大きく立ち遅れている日本の、世界市場に切り込んでゆくための具体的諸条件をとりあげている。第5章では東日本大震災とフクシマ原発によって引き起こされた危機に、観光がどう対応するべきなのか、東北という地域と日本という国の立場との両面から論じた。また市場と地域をつなぐ、旅行業が果たすべき役割もたいへん重要である。
ここでとくに触れておかなくてはならないことは、「原子力や核とツーリズムの共存は絶対的に不可能」という点だ。つまり今後日本のエネルギー問題を語ることは、同時に国策としての観光政策を語ることになる。それはツーリズムに直接かかわりのある人々のみならず、各地域住民それぞれの将来を決める、きわめて根本的なテーマとなるだろう。

日本の国際観光政策を支えるのは、多くの地域の人々の気持ちである。というより、地域の人々の気持ちを国や自治体行政が支えるのだと、言い換えるべきかもしれない。日本は世界でもまれなほど観光地としての諸条件に恵まれている。ただそのことを、あるいはその可能性を一般の人たちが気づかないまま、自分たちの宝をないがしろにしているところが少なくない。あるいは観光の意味が、あるいはその価値が、まだまだ十分に理解されているとはいい難い。このことをまちがいなく把握しておかないと、たとえば欧米などの観光客から、「日本は中国観光のオマケにちょっと寄ればいい」

というくらいの判断をされてしまう危険性がある。国としての観光政策の重要性、あるいは各地域のツーリズム・マーケティングが不可欠だというのは、こういうことを指している。

21世紀が観光の時代とされて久しい。依然世界のツーリズムは伸び続け、国際的人流は11年現在でおよそ10億人、今後10年のうちに5割は伸びるというのが、国連世界観光機関の予測である。日本はインとアウトをあわせ、このうちせめて5パーセントを確保したい。日本にとっては国際観光、とりわけインバウンドと呼ばれる外客誘致のビジネス分野こそ、大きく広がった「今そこにある機会」なのだ。ただしアウトバウンドの振興も忘れてはならない。日本が国際的にうまくやって行くうえでは、インとアウトの双方をバランスよく伸ばしていく必要がある。いまどき内向き志向などと、過保護に過ぎた言い訳をしている場合ではない。国際ツーリズムの流れをうまくとらえ、あとの祭りとしないようにきちんと取り込んでいかなくてはならない。また投資のないところにリターンはないというものの、ツーリズムに対する投資は、他の分野に比べると比較的少なくてすむ。そして投資効率を最大化するべき、マーケティング戦略を考えたい。

国際的な観光振興の具体策、あるいは地域の観光政策を実施していくうえで、具体的な方法論を述べた文献は多くない。とくに各地の観光産業や行政にかかわっておられるかたがた、旅行業界、あるいは今後観光分野での活躍を目指される学生諸君などが、本書からインバウンド・ツーリズム・マーケティングの、ごく基本的な手がかりなどを少しでもつかみ取っていただければ幸いである。

もくじ

Contents

Chapter 05

第5章　日本の観光再構築への挑戦　215

本書は、2010年5月から2011年6月まで『トラベルジャーナル』誌に掲載された連載「国際観光誘致の技法」を一部修正、あたらに書き下ろしを加えたものです。

Chapter 01

第1章 観光局の使命とはなにか

ここでいう「観光局」とは、政府観光局、都道府県の観光部、自治体の観光課やNPO、あるいは観光協会の場合もあるだろう。すでにいくつかの地域に見られる観光公社的な組織でもよい。この中核組織が地域を代表し、そこを観光の対象として磨き、商品として市場に出し、顧客を迎え入れる、という一連の観光の動きを主導する。つまり地域のツーリズムマーケティングに総括的なかかわりを持つべき組織のことである（41ページから）

01

日本のインバウンドを検証する

2010年日本への国際観光客数は861万人、世界で30位である。日本の上にスイスが、すぐ下にはシンガポールがほぼ同じような数字で並んでいる。国土の広さからするとスイスは日本の1割ちょっとだし、シンガポールに至ってはほんの小さな島にすぎない。

861万人の内訳を見ると、近隣アジアからがおよそ7割、欧米からが2割、その他からが1割。特に韓国1国だけで全体の3割を占めている。そして、日本の出国者のおよそ25%が中国行きなのに、日本は中国アウトバウンドのたった2%しか受け入れていないという事実も念頭においておく必要がある。

経済規模は世界第2の大国と言われながら、インバウンドつまり国際観光は30位。日本より上位にはマレーシア、メキシコ、ポーランド、サウジアラビアなどという国名も見える。フランス・スペイン・米国・中国・イタリアという観光5大国はさておき、日本はそんなに観光的な魅力が乏しい国なのだろうか。はたして実力はどうなのか。

よく日本人である我々自身が、日本は小さな島国であり資源にも乏しい、という言い方をする。観光という側面から日本を、少しマクロに見てみよう。

国際的比較におけるニッポン

地理的条件

日本列島は南北に長い。宗谷岬から台湾が目視できる南西諸島の与那国島まで、およそ3000キロもの長さになる。緯度から見ると北緯46度から24度まで、亜熱帯地域にこれだけ伸びている国は、南米のチリ、インド、それからアラスカからハワイまでを抱える米国など、地球上にそう多くはない。国土の広さは国連加盟192国のうち第60位、英国、ドイツ、イタリアやマレーシア、ベトナムより上位にある。人口では第10位。つまり日本は、実のところ小さな国なんかではなく、世界のうちではむしろ大きな国なのだと、考え方を改めたほうがいい。そして周囲が海で囲まれているという、地理的条件がおもしろい。とくに排他的経済水域という面からすると日本は、米国、カナダ、豪州、ニュージーランド、インドネシアに次いで世界第6位、これまたなかなかの大国なのである。

気候について

冬には北海道の根室半島あたりまで流氷がやってくる。流氷などという現象が見られるのは、北極圏界隈のごく一部地域を除くと日本しかない。しかし同じ冬であっても日本では沖縄や小笠原諸島などのように、美しいサンゴの海で泳ぐことができる。東西に広い国ではこうはいかない。しかも春夏秋冬という4つのはっきり異なった季節を持っている。季節に変化のない国に比べ、4倍の魅力があると言えなくはない。赤道付近の国々のように猛暑の季節が長いとか、逆に酷寒の季節が1年の半分を占めるということもない。四季やその移り変わりが楽しめる国や地域というのは、やはり地球上にそう多くはないのである。

日本の自然

諸外国の人たちには、日本が先進工業国であることから、あるいは60年代から70年代にかけ悪名高かった公害の印象などにより、日本には自然があまり残されていないのでは、というイメージをもたれている。しかし実際には日本の国土の7割は森林に覆われており、この比率は特にヨーロッパの英仏独伊などと比べると群を抜いている。したがって野生動物や鳥類も、これらの国々に比べると圧倒的に多い。いわゆる西欧諸国に対し、野生動物の存在を期待する人もいない。

ただし日本はこの半世紀のうちに、国土全体に膨大なコンクリートを流し込んできた。防災という名のもとにダムや護岸工事が行われ、山から流出するはずの土砂が激減した。このため美しかった砂浜がやせ衰えている。全国の海岸線は6割近くもコンクリートで固められ、テトラポッドが投げ込まれた。江戸末期から明治にかけて、日本を訪れた多くの外国人を驚嘆させた日本の自然景観は、近くに寄って見るとかなり無残な有様になっている。白砂青松と山紫水明という日本の景観を表す表現は、いずれも幻に近い。さはさりながら、3000メートル級の山々や複雑な海岸線、島々がつくりだす国土風光は、この半世紀間に多少痛めつけられただけで、まだまだ修復可能である。全国至るところに湧き出している温泉も、大きな自然資源といっていい。

20世紀型価値観を覆す好機

歴史と文化

日本は海に囲まれたという自然条件による、かなり独特な歴史をもっている。ユー

●日本の国際観光競争力

1

南北3000キロに広がっている国土

2

くっきりした四季の魅力があること

3

緑あふれる多彩な自然と複雑な海岸線

4

長い鎖国と戦争がなかった歴史文化

5

安定した経済状況と少ない貧富の差

6

安心して旅行が楽しめる清潔な社会

7

「世界遺産」的な平和憲法の保持

8

すみずみまで完備した旅行インフラ

9

世界で最も凶悪な犯罪の少ない国

10

ナイーブでおだやかな国民性

ラシア大陸から朝鮮半島経由、あるいは東南アジアから琉球列島経由、さらには樺太・千島列島方面から渡来してきた人々とその文化が、それ以上東方に渡っていくことができず、この日本列島においてかなり融合し煮詰まってきた。さらに江戸時代以降1964年の海外渡航自由化まで、少なくとも一般の大衆にとって、他国との交流が許されなかった時代がほぼ350年間続いた。あるいは秀吉の朝鮮侵攻以来およそ300年間、他国と干戈《かんか》を交えることもなかった。日清戦争から太平洋戦争までの半世紀間のみが、日本史上からすると、例外的な対外戦争時代だったのである。

こうした事情が、他国と陸続きで国境を接している国々の人情、民俗、文化とは相当異なった趣を、日本にもたらしている。江戸時代には極めて選択的に諸外国の文化・知識を摂取した。明治以降はおよそ140年になるが、日本はこの間、特に欧米からの文化・知識の摂取を積極的に行ってきた。もちろん歴史的には、華夷秩序＝中国文化圏の中において日本は辺境にあったし、欧米から見る日本はさらに遠く、彼らは日本から何かを摂取する必要など、ごく一部を除いてはさらさら感じてはいなかったであろう。永きにわたって日本という地域は、よそからの文化を一方的に受け取り、ため込み、熟成発酵させてきたというわけである。

経済と社会

最近は「日本沈没」というに近い、悲観的な論調が多く語られている。しかし世界各国と比べて、日本の状況はそう悲観的になる必要はない。GDPレベルで中国に世界第2位の地位を譲るとか、約1億2700万人が長期的に漸減傾向にあることなどは、経済成長最優先の国家経営を見直し、生き方や暮らしの質を上げる方向への転換にはいいきっかけになる。世界中のあらゆる諸問題は、人口が多すぎることによっている。だとするなら、日本の人口逓減はまさに喜ぶべき事態であると言わねばならない。つまり日本をダメにしたという、「貨幣経済と効率最優先」という日本の20世紀型価値観こそを、決定的に覆してみなくてはならないであろう。そのひとつのキーワードが観光である。

次項このテーマをもう少し続けたい。

＊参考文献：松橋功ほか（02）『国家的課題としての観光』（日本経済調査協議会）

02

きわだつ日本の国際的優位性

日本のインバウンドを考える際の前提条件を、前回ざっと俯瞰した。地理的条件、気候や自然、歴史文化など、日本が与えられている諸条件は悪くない。日本の国際観光を支えるべき基盤につき、その他の諸条件をもう少し見てみよう。

国際観光客受け入れ数ランキングで世界30位というのは、何を意味するのか。

諸外国に出かけてまず気になるのは、タクシーに安心して乗れるのかという点である。その国の民度を計る、ひとつの指標であるとしていいかもしれない。運転手の人柄から始まり、運転の仕方、車の乗り心地や清潔度、そして安心して乗れる料金のシステム。高いか安いかなどと言う前に、そうした諸条件がクリアされるかどうか、信頼できる乗り物であるかどうかは、かなり気になる。

警官が威張っている国、軍隊が目立つ国というのも、気持ちいいものではない。そして貧富の差が目立つ国、極端に貧しい人が多い国も心穏やかではない。経済や社会の安定度が低い国は、どうしてもそうした点が目立ってしまいがちである。貧富の激しい国ほど、安心して旅行をすることができない。これらの条件から見る限り、日本の社会的安定度は、先進国といわれる中でもかなり上位にある。かつて〝一億総中流〟と自ら称した日本は、ある意味で相当理想的な社会をつくっていたのだ。経済的な側面から不振が言い募られているが、世界水準からするとそれほど卑下することはないだろう。

日本の憲法は世界遺産である

沖縄における米軍基地の存続が問題になっている。日本は敗戦後65年もたつのに、まだアメリカの治外法権を外すことができない。明治政府が必死になった不平等条約撤廃でさえ、半世紀でなんとかなった。しかし日本は奇跡的にも、アメリカから理想主義的な平和憲法を受け取ったおかげで、ずっとこの間、戦争と無縁でこられた。これは人類史上、実に稀有なケースである。「平和憲法=世界遺産論」は、決して冗談なんかではない。第三世界や中小後進国などにとって、希望の星である。その気になれば、多極化する世界の中で、非軍事同盟のリーダーシップだって取れるだろう。「平和な国」というブランドほど、国際観光にとって重要なことはない。戦争がないだけではなく、社会や経済が安定していること、貧富の差が少ないことなどは、日本の平和という実体に不可欠な要件である。

ハード面における観光客受け入れ準備は、かなり整った。鉄道や高速道路は十分すぎるほどのネットワークができている。ホテルや旅館も数だけみれば問題ない。空港も全国に98カ所あり、つくりすぎたと問題になっている。現在、国内の25もの空港が韓国の仁川をハブ空港にして、世界とつながっている。成田・羽田の首都圏空港が、日本のハブ空港としてきちんと整備されるまで、あと何年かかるだろう。成田乗り入れを待たされている航空会社も現在60社ほどある。諸外国からのビジターがそれまで、韓国や中国の空港を経由してでも、日本にやってきてくれればありがたい。せめて首都圏空港が十分な容量を持つようになるまで、日本のインバウンドや各地の空港は、諸外国からのLCC（ローコストキャリア）等の飛来に期待をつなぐしかない。しかし、今後中国がその存在感をもっと大きくしてくると、欧米などからの観光客にとって日本は、中国のオマケ・デスティネーションに成り下がるかもしれない。

それはさておき、いま日本のインバウンドに必要なことは、整備されたインフラをもっと有効活用するべき制度やソフト面の改革である。これについてはあらためて論ずる。

次に掲げたのは、国連の世界犯罪率統計から取った数字である。データは00年だからちょっと古いが、およその目安にはなるだろう。各国の人口10万人当たり犯罪発生

●国別犯罪発生件数の相対比較

05年発表の国連統計をもとに算出（00年人口10万人当たり）

	殺人	強盗	強姦	麻薬
日本	1.0	1.0	1.0	1.0
中国	—	6.0	1.6	—
韓国	4.0	2.3	7.3	0.4
マレーシア	4.7	15.5	2.9	2.6
シンガポール	1.8	2.8	1.7	4.7
フィリピン	15.2	1.9	2.3	—
オーストラリア	3.1	29.8	45.7	—
サウジアラビア	1.0	0.7	0.2	2.3
ロシア	39.6	22.2	2.7	7.5
フランス	3.6	10.1	8.0	7.9
イギリス	3.2	44.1	9.1	9.6
スイス	1.9	7.5	3.2	29.1
イタリア	2.6	16.0	2.3	2.7
スペイン	2.5	309.3	8.0	1.3
アメリカ	9.1	36.2	18.0	25.2
カナダ	3.2	21.5	43.9	12.8

件数を、殺人、強盗、強姦、麻薬の4つで見た数値である。わかりやすくするため、いずれも日本を1とし、各国の数字を換算し相対的に比較してみた。これで一目瞭然なことは、日本がいかに安全な国であるかということである。スイスやシンガポールが辛うじて日本の数字に近い。これら右表の国々のうちでは、日本より安全な国はサウジアラビア1国のみである。まずは日本が「世界で最も安全な国」というアピールをしたところで、そう大きなクレームにはなるまい。平和こそが観光のパスポートなのである。

話はそれるが、世界にちょっとした事件が起こるたび、日本からのアウトバウンドが止まる。この表を見る限り、確かに日本の中に居さえすれば比較的安全そうではある。しかし世界の人・物・情報の流れがどんどん国境を越えて活性化する中にあって、そうそう縮こまってばかりもおられまい。それにしてもアジア、とくにイスラム諸国は、欧米先進国などに比べ圧倒的に凶悪犯罪が少ないことに注目しておきたい。

計り知れない可能性

以上、いろいろな側面から日本のインバウンド受け入れ諸条件を見てきた。結論的に言えることは、日本が基本的に持つ絶対的優位性である。観光客の受け入れが、世界の30位などといったあたりに止まっているのが不思議でさえある。はっきり言って、これほどの観光に関する諸条件に恵まれた国は、世界中を見回してもそう多くはない。成田や羽田が、無制限に乗り入れ希望航空会社を受け入れることができさえすれば、あるいは中国人旅行者の完全自由化を実現しさえすれば、20年3000万人というインバウンド目標は（あるいはアウトバウンドも）、どうということのない数字である。しかし国民の大多数は、もはや成田がアジアのローカル空港にまで成り下がっている事実に、まだ気づいていない。法務省や警察はいまだに、開国のメリットより鎖国のほうが面倒なく、メリットが大きいと踏んでいるかのようだ。マスコミもやはり、そうした官僚たちの（無意識の）鎖国DNA的発想による情報操作にまでは、思いが及ばない。観光庁やJNTO（日本政府観光局）がこれからどれだけその存在理由を主張し、証明できるのか、観光立国宣言はその試金石であろう。

日本人にとってのインバウンドを、自らの潜在意識下にある鎖国遺伝子から解き放つきっかけにしなくてはならない。外国へ出かけることはもはやぜいたくでもなんでもない。外国人を見て「ガイジンだ」という無意識の、内なる差別感からも自由になるべきだろう。インバウンドツーリズムの促進に携わる人たちは、まず以上の事柄をしっかり頭に叩き込んでおくべきかと思われる。ただ、そのナイーブさが、逆に外国人にウケもする。

しかし、観光は数だけむやみに増えればいいというわけではない。どんな客層にどれだけ長く滞在してもらうか、どれだけ満足してもらえるかの競争である。単に一過性の客を、いくらたくさん呼び込んだところで、それが次に続かない限りほとんど意味がない。

＊参考文献：石森秀三ほか（05）『文明の磁力としての観光立国』（日本経済研究センター）、同じく（06）『観光立国の戦略と課題』（同）

03

観光の本来的意味を理解するために

国際的なツーリズムが急伸しているなかで、アジア諸国の中でも日本の対応の遅れが目立ってきている。特に意識における立ち遅れが制度や装置面に大きな影響を及ぼしている。そのうちのひとつが観光というコトバに対する理解にあるようだ。

観光というコトバは、現在の日本においてはやや意味が小さい。限定された理解になってしまいがちである。本来ならツーリズムという単語のほうが使いやすい。こちらには旅行、レクリエーション・文化的活動、経済活動、交流、教育的視点などのすべてが含まれる（ように感じられる）からである。かつては、というより、ついこの間まで、観光は不要不急というコトバとワンセットだった。物見遊山というノーテンキ的イメージから、なかなか脱することができないでいる。しかし、そうは言ってもなかなか他の単語を引っ張ってくることは難しい。第一、ここへきて政府までが「観光立国」などという、いささか大げさな宣言までしてしまった。この際だから、その尻馬に乗っておけば間違いなかろうと、あらゆるセクターが観光の大合唱を始めた。いまや全国60を超える大学にまで、観光という字がふられた学部学科が現れる始末である。したがって、何をどのようにという観光教育の基本セオリーもまだない。

そういった状況の中で本書では、インバウンドツーリズムという分野に焦点を当て、そのセオリーらしきものを綴ってみようとしている。

風の地上をゆくは観なり

さてのっけには、観光の語源は易経の「観国之光」にあるという耳にタコのお話。観光について書かれたものの大半に、判で押したようにこれが引用されている。観光とは国の光り輝く風物を観ることというふうに、中国文献からの権威付けを意図しているようだ。

易経というのは、紀元前1000年頃、周の時代までにできあがったとされる易、占いの方法と、その解説をまとめたものだ。神託や霊感のたぐいの非合理性を抑え、「占いをなるべく道徳的かつ原理的なものにしたてた」古代中国の合理主義・倫理主義の成果だと、竹内輝夫さんは『四書五経』（東洋文庫）で述べている。あたるも八卦あたらぬも八卦のそもそもからすべて、岩波文庫『易経』上巻冒頭の解説が詳しく、おもしろい。

一口に言うと易経は、今から3000年も前の中国形而上学の最高水準を示す、大きな理論体系だとある。たとえば「形而上者（形より上なるもの＝形のないもの）これを道といい、形而下者（形より下なるもの＝形あるもの）これを器という」など、ギリシャ哲学より500年も先んじた表現である。

その易占に「観」という卦（け＝吉凶を判断する形、見立て）がある。風地観、風の地上をゆくは観なり。つまり風が地上をわたり、その恵みが万物に及ぶという卦である。この卦にしたがい、王は各地を巡り民の様子を観て、政策を考えたとされる。また観という字には、示すとか、仰ぎ見るという意味があると、岩波文庫には書かれている。

さて、この観の卦4段目にあるのが「国の光を観る。もって王に賓たるによろし」という、例の運勢だ。これは、国王が「国の光＝賢人」を探し出し賓客としてもてなす、その当人となるような吉運に出会えたら、それに応えて国事に力を尽くすがよろしい、という見立て。つまり観光というのは、王がその国の光である人物を探し、尊び会うこと。やがてこれが広く解釈され、その国や地方の最良のものを観る、さらに7世紀以降の唐代になると、単に土地の風光を観るに変化した。というのが、前述の竹内さんの解説である。

観国之光からここまでの変化に、1700年かかった。それからさらに1300年たった昨今、日本における観光カリスマたちが、国から選ばれた見返りに懸命になっている図（観光立国という国事に力を尽くす）を、我々は見ている。これこそ、易経が言うところの観光との、図らずもの一致ではないか。このように、今までの観光学による易経の引用は、観光というコトバの歴史由来に関し、必ずしも元の意味までは見ていないようだが、結果オーライになった。

ペリーが押しかけてきた2年後の1855年、オランダから贈られた400トンほどの蒸気船に、幕府は観光丸と名づけた。こちらも、他国の光を仰ぎ見る、あるいは自国の光を示すとの、どちらとも理解できる命名である。かつて物見遊山といっていた言葉が、やがて観光にとって代わられるようになったのは1950年代以降。しかし、観光というコトバそのものは、1930年鉄道省外局のインバウンド部門、国際観光局の看板で再デビューした。

観光と開国をつなぐ哲学

ちなみに、オランダから買った日本の2隻目の軍艦が咸臨丸である。こちらは「咸じて臨む。貞にして吉なり」。やはり正しい道にしたがい、人を感動させつつこれに臨めという易経の見立てに由来するようだ。１８６０年、日本初の遣米使節団に随行したこの咸臨丸に、福沢諭吉やジョン万次郎が乗っていた。開国のキーマンたちである。

易経に由来するこの姉妹艦が、観光ニッポンと開国ニッポンのシンボルだとするなら、これまた深遠かつ今日的なつながり、というほかない。「日本は未だ真の開国には至っていない。ゆえに、観光という正道に志を持ってあたり、人を感動させつつこれに臨むべきである。その恵みを万物に及ぼすべきである」。３０００年前の易経にある卦、その哲学を、ここであらためて読み直し、こんなふうに整理しておきたい。

つけ加えていうなら、３０００年前の日本といえばまだ縄文時代、稲作さえ始まってはいなかった。まことに中国の知の先行や、畏るべしである。陰陽の変化によって宇宙と人生のすべてを説明し、予言する。

というわけで、いよいよ今日的なインバウンドの話に入ってゆく。

●観光を読み解く3000年の変化

1

風地観という易経にある占いの見立て

2

風が地上をわたり恵みが万物に及ぶ

3

国の光を観るというのは地域人材の発掘

4

光（賢人）は王の賓客として迎えられる

5

その運勢にあるものは応じて国事に励め

6

光がその地で最良な事象という意味に変化

7

観光が土地の風光を見るという単純化へ

8

昭和以降、物見遊山に代わり観光が一般化

9

不要不急という言語で矮小化された時代

10

観光と咸臨で新しい時代をつくろう

この論を展開するにあたり、観光局という主体を想定する。これは国であれ、県であれ、自治体であれ、そこを対外的に売り込むための中核組織のことである。具体的には政府観光局、都道府県の観光部、自治体の観光課やNPO、あるいは観光協会の場合もあるだろう。すでにいくつかの地域に見られる観光公社的な組織でもよい。この中核組織が地域を代表し、そこを観光の対象として磨き、商品として市場に出し、顧客を迎え入れる、という一連の観光の動きを主導する。つまり地域のツーリズムマーケティングに総括的なかかわりを持つべき組織のことである。

観光というのはよく語られるように、地域総体の魅力を訴求しなくてはならない。自然、歴史文化、人々や暮らし、そのほか、地域の一次、二次、三次産業すべてによって成り立っている。したがって、ひとつひとつの事業者は個人、あるいは組織であったとしても比較的小規模である。なかなか個々では市場に打って出にくい。これをひとつにまとめ、よそとの競合を視野に入れつつ、市場に売り出してゆく組織。これを本書では観光局と表現しておくことにしたい。

＊参考文献：白幡洋三郎『旅行ノススメ』（中公新書）

04

観光局のミッションを高く掲げよう

かつての観光地は、そこを訪れた誰かが発見し、言い伝え、世間に広まった。人口に膾炙《かいしゃ》するというのは、なますとあぶり肉が多くの人に好まれるように、話題に上って広く世の中に知れ渡ることだと辞書にある。

しかし現代の観光は、「意図的な仕掛け」から始まる。

観光局の使命は、その地域をまるごと「商品」として、世界の市場に売り込むことである。

商品などというと、そんなに軽々しく呼ぶなとお叱りを受けるかもしれない。しかしながら、観光局の目的は、いかにしてより多くの観光客あるいはビジターを、その地域に誘致してくるか。そしてその結果としての、地域に対する経済効果の促進である。またどんなに多くの人を引っ張ってきたところで、その人々に十分な満足をしてもらわなければ、全く意味がない。したがってここでは直接的に、地域という名の観光商品とその市場、という大枠での捉え方がわかりやすい。つまり地域を「売るに足る商品」としてまとめ上げ、それを市場に出す。これが観光局のミッションであり、それら全体の将来像、見通しを描くことがビジョンである。

よその競争に勝ち抜くために

現代は観光の大競争時代である。国際間で、あるいは日本国内においても、とっくの昔にこの大競争時代が始まっている。競争ということは何かといえば、待っていてはだめだということである。よそと凌ぎ合いの競争に、勝ち抜いていかなくてはならない。成り行きまかせではどうにもならない時代になった。

では対外的に売り出す以前に、一体どんな具合に地域を「商品」とするのか。地域を精査し、磨き上げ、売り物としてゆくために、どんなことがなされなくてはならないのか。あるところやものを単に見せるのではなく、自然、風光、歴史、暮らしぶり、産業、食べもの、お祭りやイベントに引き付け、参加してもらい交流してもらう。現代の観光は受け身ではなく、能動的である。インタラクティブ（相互交流的）な体験が、高い評価を受ける。ありきたりの名所旧跡、まがいもの、人真似では人の心に訴えることはできない。極端な表現では「今だけ、ここだけ、あなただけ」という。

つまり従来の大量画一的な観光の受け入れ方から、ゆとりある、少人数の、多彩な好みに合わせた観光サービスの提供が求められるようになった。持続可能性、ということも常に念頭におく必要がある。観光価値とその経済的な可能性は、次世代のもっともっと先まで、より良い形で継承されなくてはならない。地域の自信と誇りを呼び覚ますことができるだろうか。

こうした地域の「お宝探し」、あるいは観光デザイン等々については、すでに多くが語られているし、その実例もまた多くある。いわばここでいう商品そのもの、あるいは地域という商品を形成する部品の数々に関し、本書では具体的にはあまり立ち入らない。

観光というマーケティングの流れの中において、観光局が直接的に負うべき責任は、その流通、ならびに販売促進である。しかし商品そのもの、あるいはその価格について、観光局としてのアドバイスも不可欠だろう。また市場からの反応、あるいはよそとの対比において、地域の観光を担う主体や組織に対するフィードバックも、人材に対する教育的な事柄も含め、観光局が担うべきものである。

観光局は商品そのものをよく理解し、特徴を把握し、それをきちんと表現・発信しなくてはならない。そして市場に売り出してゆくための「ブランドの開発と構築」に責任を持つ。いかにして市場の注意を引き付け、興味を抱かせ、その気にさせて記憶させ、実際に来させるか。それらのベスト・プラクティスを考え、実行する。

観光とは文明の磁力だと、北海道大学観光学高等研究センターの石森秀三教授はいう。あこがれであり、かっこよさであり、ソフトパワーでもあるだろう。というわけで、ここで本書なりに、今日的な意味における観光という言葉と、もう少し広義にわたるツーリズムという言葉につき、次のように整理し直しておくことにする。

「観光するとは、ある地域や国が、その人・自然・文化を価値あるものとして対外的に示し、それに感応した人々がそこを訪れ、仰ぎ見、体験し、交流し、楽しむこと。ここにいう文化とは、歴史、風光、民俗、産業など、人々の営みのすべてである」

「ツーリズムとは、日常生活から離脱して行われる、観光、健康、癒やし、教育、イベント、スポーツなどの諸活動、ならびに、それらを目的または手段としてもたらされる、経済活動とその効果までをいう」

新しい観光地意識の醸成

以上のような、マーケティングという視点からの観光やツーリズムについての考え方が、地域の人々により、しっかり共有される必要がある。ややもすると観光という

●観光局の使命と目標

1

地域を観光商品として売り出すこと

2

地域の観光デザインや将来像を描く

3

人々と観光の価値観を共有すること

4

観光地競争に耐えうる商品化を行う

5

地域全体を魅力的ブランドに育てる

6

地域の住民と地域の誇りを共有する

7

常に市場と商品の整合性を想定する

8

販促と流通に対し全面的責任を負う

9

市場の観察と満足度最大化への支援

10

より良い経営や人材教育への支援策

狭義の概念から人々は「自分には関係ない」、あるいは「観光関係者だけがすること」というふうに考えたり、観光に異を唱えがちだったりする。たとえば旅館に支払われた金額が、給料はじめ諸納入業者への支払いを通じ、地元の経済に広く波及していくこと、あるいは税収の形で地元に還元されてゆくことまでは、一般の人々はなかなか思い至らない。地域の一次、二次、三次産業すべてが、実は観光にかかわっている。

したがって観光局がまず手がけなくてはならないことのひとつに、地域ツーリズムの振興が、ひとり観光関係業者のためだけではないという、本来的な意味合いにおけるパブリックとのリレーション構築がある。この基礎固めがしっかり行われないと、地域一丸となっての「望ましい観光地形成」はできにくい。自然のみならず町並みや農地の景観まですべて、あるいは地域文化の保存・磨き・伝承なども、地域の人たちの理解と協力があってこそ、はじめて「売るに値する商品」としてのしつらえが可能になる。

地域の人々の自信や誇り、それを下敷きとした「ホスピタリティーの精神」も絶対に不可欠なものであろう。観光局の使命には、このように地域の人々の心までを巻き込んだ、いわば新しい観光地意識の醸成が、対外的活動の前提として求められている。地域のサッカーチームを支える多くのサポーター、という図式にちょっと似ているかもしれない。

マーケティングは一言でいうと「新しい市場をつくる」ということである。そのためにはどんな商品を、どんな市場に、どのように売り込んでゆくのか。観光の分野でそこを主導するのが観光局である。よく諸外国では観光局に、たとえばTourism Canadaといったような呼称をつけている。これは、冒頭あるいは上記ツーリズムの定義で述べたとおり、観光およびそのほかの事象まで幅広く包括する。したがって日本政府観光局や各地域の観光局も、対外的名称は英文で「Tourism Nippon」、「Tourism Hokkaido」などとするのがストレートだし、わかりやすい。

＊内田樹『日本辺境論』（新潮新書）

観光局の組織と目標設定

観光局は存在そのものに意義があるのではない。市場に打って出る、具体的な営業活動や広報が基本的な任務である。そのためのコスト意識の徹底と、収入予算の達成が常に要求されなければならない。

根拠のあいまいな「受け入れ人数」を追っていればいいという時代は去った。

05

観光局の主たる業務は広報と営業である。このために必要となる最少人員は局長と広報担当の2人。予算の規模により営業担当を増員する。スタッフを揃えたところで、その先のマーケティングまで予算が回らない、ということのないようにしたい。特に役所が主管する組織には、組織そのものの存在が目的と化し、なされるべきことに予算が回らない場合が少なくない。総予算のうち、人件費・事務所代などの固定経費が5割を上回るようなら要注意である。固定経費が予算の3分の1以下になっていることが最も望ましい。逆に言うと、最低でもその程度の予算が広報や営業に回せないのでは、観光局などつくっても無駄である。

さて、観光局が行う業務のうち一番大切なことは、「①何を、②どの市場に、③どのように売り込むか」という基本戦略を確立することである。漫然と○○良いとこ一度はおいで、と言っていたのでは、何もしないことと同じ。限られた予算の最大有効活用を図るには、その広報活動を前提にした戦略と戦術の策定から始まる。

商品と想定市場の整合性

まずは、①の「何を」について。前回述べたとおり、地域の売り物を何に絞り込むか、しっかりした調査や査定、あるいは磨きを行う。この場合、既存の事象に頼ることをしないで、よその地域と比べ何が強みなのか、優位性をしっかり見極めること。自然、文化や歴史、産業、風光、暮らし、食べもの、お祭りなどの催事、気候あるいは四季の魅力そのほか、地域に暮らしている人々まで。この際、地域外の人の視点や、特に特定外国市場からのインバウンドを狙う場合には、その市場の人の視点を度外視することはできない。観光や地域に理解のある何人かの力を組織化しておく。地域の関係者、外部および市場の人、研究者などが協力しながら、何がその地域の売りになるのかを精査してもらう。新しい観光は、単に見たり聴いたりすることより、五感のすべてに訴える体験型に移りつつある。あるいは幸せな時間を約束するという「感幸」、さらに地域の人々とのふれあいや交わりを重視する「歓交」といった表現にある、多様な側面からの魅力の検証がなされなくてはならない。

そして同時に必要なことが②の、それらをどこの市場に、どのような客層に売り込んでいくのかという見極めを行なうこと。つまり「商品と市場の整合性」を図ることである。これが不適合ではマーケティング活動の効率を欠く。たとえば欧米と中国では、あるいは年齢層によって、人々の求めるものは大きく違うであろう。また旅行の目的により、人々の求めるものは異なる。

これに加え、これからの観光地経営の大切なことに、「オフシーズンをつくらないこと」が挙げられる。特定のシーズンやイベントに対してしか、よそから人がやってこないという、入込客の偏りは望ましくない。観光地にとっては、たとえ人数が多くなくても、一定の数が通年流れるほうが理想的である。観光サービスの質的レベルや、それらに携わるスタッフもこの方が安定する。特定シーズンのみの高い需要に対し、短期的アルバイトに近いスタッフで対応しなくてはならないようでは、顧客の満足度がどうしても低くなりがちなうえ、健康的な観光産業が育たない。

したがって地域においては、四季それぞれの魅力をよく洗い出し、あるいはつくり出す必要がある。シーズンごとに、異なる市場や異なる客層を想定することになるかもしれない。さらに、その地域の特徴ある食べもののアピールが大変重要である。どんな人でも、旅行中に毎日食事を欠かすことはない。すべての人々に共通の高い関心事が食事である。

さていよいよ③の、「どのように売り込むのか」という点について。

日本には現在およそ60カ国が、政府観光局という名称の事務所を置いている。さらにざっと30カ所の地域、州、あるいは市などが独自の観光局を設置している。10年の日本人アウトバウンドはわずか１６６４万人。これだけの観光局が日本市場のパイを取り合っているかのごとくだが、ほとんど機能していない。その実情が数字に現れている。

日本の対外的観光マーケティングも、日本政府観光局とは別に、県あるいは九州などのブロックごと、中国・韓国もしくは欧米の主要箇所に、観光局を設置しているケースがなくはない。新しく外国市場に打って出ようとする地域は、いきなり自前の観光局を出すというわけにはいかないだろうから、まずこれらとの協働が前提になる。対象とする国の言葉を使い、詳細なホームページなどを作って、その市場にダイレク

●観光局の組織と目標

1

観光局の主たる業務は広報と営業

2

固定費は総予算の3分の1以下に

3

何を、どこに、どう売るかの確定

4

優位性を見極め他の真似をしない

5

オフ期をつくらないマーケティング

6

周辺地域や国との協働体制を考慮

7

費用対効果の目標値を1対50に

8

滞在時間と満足度の最大化を図る

9

人数より常に消費金額を重視する

10

地域における観光全体を主導する

トに訴求してゆく方法もある。しかし、既存の観光局組織のPR力や営業力、ネットワークを最大限に活用させてもらうのが、とりあえず合理的なアプローチであろう。

地域によっては周辺の市町村などと組んで、特定の観光パッケージを作るとか、観光ルートを設定し、ブランド化を図ることも必要である。宿泊機関などの不十分なところは、そのような協力態勢ぬきにはよそに打って出られない。

滞在時間と消費金額は比例する

観光局による観光誘致の大原則は、地域への経済効果である。PRや営業にいくら使い、いくらの収入を得たか。1万円の投資に対し、何万円のリターンがあったのか。つまりROI（Return on investment）が厳しく問われる時代である。プロモーションや営業活動に使った金額と、新たな集客による地域への収入の比＝ROIは、1対50以上が理想的である。対外マーケティング初期から、こうしたROIを獲得することは難しい。しかし観光局にとって当然の、こうした数値が意識から抜けては、仕事が無責任になる。

さらに地域を売り出してゆく場合に大切なことは、「どれだけ長くそこに滞在してもらうか」という点である。滞在時間と消費金額は正比例する。半日より1日、1泊より2泊、なるべく長く、来訪者に滞在してもらわなくてはならない。そのためにはどんな滞在の仕方、どんな楽しみ方、何をしてもらうのか、これをしっかり取り揃えて訴求する。体験型プログラムの重要性はこの点にも関係する。

そしてもうひとつ大変重要なことは、目標の設定について。日本全体や日本の各地、あるいは世界の各地においても、観光は「人数」だけを追いかけがちである。これは間違っている。最も肝心なことは、訪問者1人当たりの消費額をいかに最大化するかである。あるいは「より少ない人数で、より多くの消費を」。あらゆる観光局が目指さなくてはならないのはこれである。

＊参考文献：井口貢編著『観光学への扉』（学芸出版社）

第2章

魅力ある商品としての観光地域

Chapter 02

01

観光局を機能させる地域のちから

観光局の任務は、観光によるその地域への経済効果促進にある。しかしそれに先立ち、地域としての将来を描くグランドデザインが欠かせない。そこから地域のすべてを視野に入れた、ツーリズムのあり方が構築される。多くを説得し、巻き込んでゆくための基本は何か。

「Come now, Do more, Come back!」

これはかつてニュージーランドの観光局（Tourism New Zealand）が、ミッションに掲げたものだ。①今すぐ来てください、②もっといろいろな体験をしてください、③また来てください、と言っているのである。

観光局としては、「いつかそのうちに行きます」と言われたのでは困る。したがって彼らのマーケティング活動は①に主眼が置かれた。知名度や好感度が高いにもかかわらず、なかなかニュージーランドへの訪問者数が伸びていなかったからである。

②はニュージーランドの自然を売る場合、単に「見て回って終わり」では旅行者の満足度が低く、すぐ忘れられてしまう。だからもっといろいろな体験をしてくださいと呼びかけよう。こうすることにより、滞在時間が伸びるし、消費金額も高くなる。もちろん旅行体験の質的深化により、満足度も飛躍的に高まるだろう。「聞いたことは忘れる、見たことは記憶する、体験したことは理解する」というアレだ。

住民のコンセンサスが不可欠

③は、観光事業者や地域住民がしっかりした②の「商品提供」をしない限り、実現は不可能である。期待以上の観光サービスや体験が提供されていれば、お客は満足し、顧客の連鎖につながる。観光においても、やはり一番大切なことは、一人ひとりのお客に期待を上回る、高い満足をしてもらうこと。お客自身の口をして、その周辺に「よかった、あなたも行っといで」と言ってもらおう。これがうまくいけば、理論的には販促費は不要だ。

したがって観光マーケティングの順序からすると、まずは今扱っている顧客一人ひとりの満足度を最大化することが大切である。この人たちにプラスの宣伝をしてもらうか、マイナスの宣伝をされるか、結果に200%の違いが出る。ここをおろそかにしながら広告宣伝費をいくら投入したところで、観光地経営の将来は開けない。すべての人は中立的なメディアである。内外の観光マーケティングを観察していると、いいイメージ宣伝で釣りながら、現場でガッカリさせる〝マッチ・ポンプ・マーケティング〟とでも呼ぶべき、無駄な作業の例を多く目にする。

②の訪問者にいい体験をしてもらうことについて。これは観光サービス提供者＝サプライヤー（受け入れ地における手配会社、宿泊や運輸機関、観光施設、食事、ガイドそのほか）が頑張ればいい、という単純な問題ではない。地域がもたらす自然や風景、雰囲気、人々の生活ぶり、歴史や文化の総体が、訪れる人の印象に大きな影響を与える。住民のホスピタリティーもまた、決定的な影響を及ぼすに違いない。

したがってニュージーランド観光局の上記①②③は、一見ごく簡単に見えはするものの、その裏に、実は相当したたかな戦略性を持たせた、多方面に対するメッセージを含んでいる。

本節の目的は観光局の役割、特にそのセールスやプロモーションにつき具体論を書くことである。しかし、そうした観光局によるマーケティング活動の前提として、地域の行政、住民、あるいは直接的には観光にかかわっていないかに見える諸産業までを含めた、ある種の「地域観光コンセンサス」が不可欠である。ここへの到達がかなり難しい。この基本に対する求心力としても、観光局は主導性と説得力を発揮しなくてはならない。観光なんかカンケイない、という地域があっても不思議ではない。

今の日本では、定住人口の逓減を交流人口で補うとか、沈滞する地域経済の活性化に観光を、というセリフがよく語られている。しかしそれらは結果であろう。いくら観光振興基本計画が自治体で策定され、形だけ旗が振られても、実情に変化はない。景観条例さえも、また空念仏に堕してゆく。

その必要条件となるのは、かつて川端五平氏が言われたような、「死に甲斐のあるまちづくり」というまでの、人々の地域に対する矜持である。せっかくの古い民家を壊す一方で、地域の伝統とは無関係な色使い・デザインの建物が、勝手につくられてゆく。人工的な箱モノ、まがいもの、人真似。自然や美しさに対する無関心。こんなところからは持続的な観光地は生まれない。美しくないところへ人はやって来ないし、来たとしても長続きはしない。過去半世紀、「ごく普通の日本の美」は失われ続けている。

求心力となり、推進力であり続ける

あらためて言うが、地域全体が商品である。オリジナルの自然文化そのものが商品である。これを世界に売り出してゆくのだから、観光局ひとりではできない。この点を、観光局はしっかりわきまえておく必要がある。つまり観光局とは、地域においては行政、サプライヤー、住民、諸産業、研究者などの中心にあって、魅力ある観光地形成への求心力となり、また推進力であり続けるべき存在なのである。自治体および観光局の手になる、次世代までを見据えた「観光地形成のためのデザイン構築」を、絶対に欠かすことができない。

この点に関し、強烈な使命感、しっかりしたビジョン、実行への情熱（これを私はMVP＝Mission, Vision, Passionと呼んでいる）を持たない観光局には、将来にわたっての多くを期待することができない。もっとはっきり言うなら、そんな観光局では存在理由がない、ということなのである。

こうしたことを踏まえ、地域の観光局は、より広域な地域や国との連携を図りながら、少ない予算の中で、より効率的に、対外マーケティング活動を遂行しなくてはならない。観光局が自治体の予算でまかなわれるべきか、サプライヤーなどの協力によ

●観光局を成功させるための基本と諸条件

1

どんな地域にしたいのかをデザインする

2

地域全体として「観光商品力」を高める

3

なるべく多くの地域住民から理解と協力を

4

地域住民のプライドが観光の原資である

5

観光にMVPを持つ人の確保ができるか

6

地域行政との二人三脚による市場の獲得

7

初めに経済効果ありきではお客は来ない

8

観光局の責任者や渉外担当者を固定する

9

営業や販促活動に時間と原資を集中する

10

一人ひとりの訪問者に期待以上の満足を

るＮＰＯでゆくのか、あるいは自治体も含めた多くの出資者を募る株式会社とするべきか、その形は一様ではない。ただ組織のありようはどうあれ、肝心なことは「中心的プレーヤー」を変えないことである。役所の人事によくある、2～3年でころころ担当者が変わるようなシステムでは、観光の仕事はうまくいかない。ツーリズムは人とその人間関係に依存する。あるいは人の信頼関係と、そのコミュニケーション・ネットワークに依存する部分が実に大きな部分を占めている。

特にインバウンドの仕事は、市場へ出かけての広報・営業活動が不可欠になる。効果的任務の遂行には、個人的なつながりというか、気持ちが伝わる人間関係構築が何より重要である。キーマンのコミュニケーション能力が高いレベルで要求されるのは、地域においても目標とする市場においても変わりない。「転石苔を生ぜず」のたとえどおり、ありきたりのお役所人事では、観光は何もできない。先のＭＶＰと、高いコミュニケーション能力を備えた、有能な人材の固定。観光マーケティングの成功の条件は、まずこれにつきる。

＊参考文献：クライブ・ポンティング『緑の世界史』（朝日新聞社）

02

地域優位性の認識と磨き方

これからは観光振興だと多くの地域が躍起となっている。しかし実のところ、本当に魅力ある観光地はそう多くない。観光地というのは一つの旅館とか観光施設でできているものではないからだ。

地域全体の確固たるビジョンと、絶えざる努力が求められ、続けられている。

ここに福島県大内宿の住民憲章がある。地域における国際観光誘致マーケティングの具体論に入る前に、もう少しだけ、地域そのものをどのように魅力的な場所にするのか、この憲章を参考に触れておきたい。「観光にマーケティングは要らない」という、まことに説得力をもったセリフがある。この真意は、「本当にいいところなら宣伝なんかしなくたって、人はやってくる」というものだ。繰り返し述べるが、マーケティングとは新しい市場をつくることである。そのために、①どんな商品を、②どんな市場に、③どんな方法で（販促、流通、価格など）売り込んでゆくのかという戦術を策定し、実施することにある。とりわけ観光においては、①そのものの魅力が死命を制する。あらゆる地域は、世界中にひとつしかない。一般大衆化した「どこにでもある商品」ではない（はずである）。きちんとしていれば、差別化も、いわゆるところのブランディングも必要ない。ゆえに観光にマーケティングなんて不要、という言い方が説得力をもつゆえんであろう。

国破れて山河あり

しかし現実には、日本各地の似たような地域や自治体が、観光による活性化や振興策に取り組もうとしている。地域の将来につながる夢を、観光に託そうというところもあるだろう。日本の経済面における成長期で「自分たちの国」は破れたかもしれないが、「山河は残った」というわけだ。人々の暮らし、歴史文化、自然がある限り、地域として人を引きつける何かが必ずあると、民俗学者として日本中をくまなく歩いた宮本常一さんは書いている。それゆえ私もこの観光における「地域＝商品」という捉え方を、そう軽々しく考えたくない。小手先の集客アイディアのみを、競い合っていないだろうか。

本節では、主に前述の②と③についての具体論を述べることになっている。しかしながら、肝心の①そのものに触れないで、いくら付帯的な技術論を並べたところで無意味であろう。ということを前提に、地域という商品そのものを光り輝くものとするための、セオリーというか覚悟みたいなことについて、基本的なことのみ記しておきたい。

民主党のスローガンに「コンクリートから人へ」がある。日本文化研究家であるアレックス・カーは、日本各地における公共土木事業が、１９９０年代以降ますます自然への破壊力を強めてきていると言う。地域活性化の名目で強引に続けられてきた土木工事は、巨大かつ根深い利権構造をつくり出しはしたが、結果として地域の活性化に役立ったとは言いがたい。逆に地方の疲弊は目をおおうばかりとなった。税金の投入先を、目に見える「ハード系」のモノや装置から、「ソフト系」の文化あるいは制度に、うまくシフトさせうるだろうか。観光という視点からすると、日本をチェンジするという民主党への期待度は、とりわけ大きなものとなっている。

地域の景観や町並みの保存という面からは、高度経済成長の掛け声に踊らされなかった地域や、あえてそこから距離をおいた地域、伝統の価値にいち早く気づいた地域が生き残っている。あるいは再生への試みを始めている。

大内宿は、江戸時代に会津西街道の宿場として栄えた。しかし明治以降、近くを国道が通り抜けるようになって宿はさびれ、住民たちはさまざまな辛酸をなめ続けてきた。

大内宿を守る住民憲章が、この宿場入り口に掲げられている。のっけに憲章の目的として、「この大内宿を保存することになるまで十余年の年月がかかったことは我々の責任であり、祖先に対する不幸であった」と、コミュニティーとしての反省が述べられている。「今後我々は、宿場保存と村の発展のために力を合わせ、富の配分を公正にしなければならない」と同文は続く。宿場の街道には車が1台も見えない。電線もない。看板もない。薄汚れたガードレールなど、もちろんない。単に古い家並みがこうも美しいものかと、舌を巻く思いである。毎年1軒ずつ、茅葺の古民家を住民の「結《ゆい》」で再生し続けているのだと、地元の人は自慢気である。ここが重要伝統的建造物群保存地区に選定されたのは1981年だが、もちろん今も住民の努力は続く。住民憲章には「外部資本から大内宿を守る」という文言に加え、宿場内の静寂、歩きタバコの自粛、ポスター等の不掲示まで明記されている。観光客は宿場の外れにある駐車場で車を降り、宿場に歩いてゆく。保存優先、風致の保全、環境整備、防火防犯や交通安全など、自らの生活を守るためのルールが、この憲章11項目にわたって書かれ

●観光地として共有すべき価値観

1

他の国や地域と競いあう観光地という意識

2

地域に対する自信と誇りを住民が共有する

3

子供たちを含めた住民全体への観光理解を

4

地域全体の利益を優先し個別の利益につなげる

5

洗練された観光地としてのセンスを磨く

6

かけがえのない自然や文化に感謝の気持を

7

他との比較で優利・不利をきちんと把握

8

そこを未来に残すため確固たる意志をもつ

9

自分が顧客だったらというよそ者の視点を

10

住民全体の力で「また来たい」と思ってもらう

ている。

こうした運動が、住民同士の長い論争を経て今に至った、という点に注目してほしい。我々は住民の利便性のためとか、経済効率という名のもとに、道路ができ、ダムが造られ、地域文化や伝統、自然景観などは省みられなかったケースばかりを見てきた。そこをなんとか乗り越え現在に至った大内宿のチャレンジに、地域としての観光開発をもくろむ関係者は、真摯なまなざしを注がなくてはならない。

住民の長い話し合いと協力

1967年に撮影されたという大内宿の写真を見ると、街道沿いには古い茅葺屋根の大きな民家が並んでいる。しかしそれからわずか14年の後、上記保存地区に選定された当時の写真では、家々の屋根はトタン板で覆われてしまったものばかりだ。日本中どこにも見られるような、電線電柱が錯綜する、立て込んだ田舎町のたたずまいが映されている。昭和50年代つまり1975年ぐらいになると、相互扶助の精神で受け継がれ残されてきた茅葺き屋根も、そのまま手入れをしなくて済むトタンで覆われ、村人の気持ちにも変化が起きてきた、と宿のパンフレットは説明している。このトタンを引き剥がし、村の人たちが協力して屋根を葺き直し、少しずつ昔ながらの茅葺民家を甦らせた。街道のアスファルトもはがし土の道路に戻した。道の両側には昔のとおり石を組んだ用水の小川が引かれ、小気味よいせせらぎを響かせている。村人たちは時間をかけた話し合いによって、昔ながらの宿場を再生させることに成功しつつある。街道の両側にはそれぞれ二十数軒の大きな古民家が整然と並び、みやげ物屋、そば屋、民宿などを営んでいる。

街道入り口に大きな駐車場があり、駐車場代金は乗用車300円、バスが1000円。しかし歴史的町並みへの入場料はない。余談だが、日光東照宮の入場料が1300円するところからすれば、大内宿に500円くらい払ってもいいと思う人は、少なくないはずである。エコミュージアム的な、循環系観光による地域振興がより積極的に考えられていい。きちんとした入場料による保全と観光価値の進化が、マーケティングでいう商品価値の深化でもある。

＊参考文献：富山和子『日本の風景を読む』（NTT出版）

03

観光地としての客観的分析をしてみる

観光地として売り出しを考える際に不可欠なプロセスは、客観的な自己分析、よそとの比較検討である。

自分の特長をどう捉えるか。常識的にはマイナスと思われることでも視点を変えればプラスになる。外的環境をうまく利用すれば障害も利点になりうるであろう。

本節では売り込むべき地域そのもの、つまり「商品としての地域」のほうに焦点を合わせた話をしてみたい。観光地として売り出してゆく場合、何をどのようにアピールするのか、よそとの比較における強みや弱みは何だろう。外部要因で利用できることは何か、障害やリスクはどうか。

こうした事柄につきあれこれチェックする手法のひとつが、SWOT（スワット）分析である。会社や組織が売り上げなどの達成すべき目標を立て、客観的な自己の立場を把握した上で、具体的な戦略・戦術を立案し、実行に移してゆく。具体的なマーケティングの諸活動に入る前に、自己および周辺環境につきなるべく客観的に状況を分析し確認する。わざわざSWOTなどといわなくても、誰しもこれに似た手順を踏むだろう。ずいぶん前にアメリカで使われ始めた経営手法のひとつだが、そんな時間があるなら「彼を知りて己を知れば、百戦してあやうからず」という、孫子でも読めといわれるかもしれない。だが使い古されたとはいえわかりやすい。観光地として対外的に売り出すとき、このようなやり方でいろいろな角度から地域を眺め回してみるのは決して悪くない。

弱点をどう強みに転化するか

あらためてSWOTだが、Strengths（強さ）、Weaknesses（弱み）、Opportunities（機会）、Threats（脅威）という4つの単語の頭文字である。まず目標達成に向け自己の内部要因をSとWでチェックする。次に自己を取りまく外的要因を、OとTから分析してみる。

自分の地域の強みと弱みは何か。自然、歴史、文化、食、産業、人、暮らしぶり、景色、四季の移り変わりといった観光諸要因について。組織や人材、予算、地域の人たちの意識、協力態勢、子供たちへの教育についてはどうか。農業、漁業、宿泊施設、交通、観光施設、お寺や学校、町並み、風景・景観、森や並木、お祭り芸能などのイベント。強みと思ったものが視点を変えると弱みになる、あるいはその逆も同様であろう。どのような要素を選ぶかにより、想定する市場（顧客）は異なったものとなるに違いない。

では地域を取りまくOとT、外的要因はどうだろう。これらは優利に働いているのか、あるいは不利な要因になるのだろうか。政治、経済、法律、社会、環境、人口、テクノロジー、あるいは競争相手が何をしているか。地域の目標に対して障害となるような外的要因があるとするなら、それをどのように回避するのか。あるいはリスクに対してどう備えるか。たとえば国交省や観光庁の政策、日本政府観光局の方針、景気の良し悪し、旅行業法、マスコミの動き、インターネットをどう使う、花粉症対策、修学旅行のトレンド、中高年女性の好み、交通機関の利便性、気候や天候の諸条件そのほか。

このSWOTを置き換え組み合わせる、TOWS（トウズ）というマトリックス手法もある。つまりSO、ST、WO、WTという4つの組み合わせで実行手段を考える。自己の持つ長所と、外部機関による支援策を最大限活用すれば、こんなプロモーションが考えられる、あるいは機会をうまく利用すれば弱みは克服できるのではないか、といった按配だ。

ここでひとつのSWOT分析ケーススタディをしてみたい。わかりやすくするため、極めて特徴のある地域を挙げる。東京から南へ1000キロメートルのところにある小笠原諸島だ。09年現在、年間の観光客数はおよそ1万5000人。小笠原村ではこの数を2万5000人程度まで増やしたい。そもそもここへは釣り人かダイバーしか来なかった。ところが80年代後半から始めた村のホエールウォッチングが人気を呼び、最近は一般の観光客や中高年層も増えている。しかし全体の伸び率は決して思わしくない。外国人市場の可能性はどうか。上記目標達成のために、どんなマーケティング計画が考えられるべきだろう。

というわけで、まず小笠原がもつ強みのSから。

海、空気、自然がきれいである。野鳥が多い。人間が少ない（父島に1900人、母島に500人）。クジラ、ウミガメ、イルカ、たくさんの熱帯魚など海の野生動物がいる。ハイキングにすばらしい森と海の景色。美しい砂浜がある。のんびりした時間が流れている。戦跡やエコツアー素材が多い。花粉症がない。食べ物がおいしい。よく知られてはいないが、知名度は高い。独特な歴史がある（1830年まで無人、最初の定住者は外国人だった）。硫黄島、南鳥島、沖ノ鳥島などはすべて小笠原村、

●SWOT分析からアクションプランへ

1

十把ひとからげの観光市場は存在しない

2

ターゲットにより求めるものは変化する

3

マスツーリズムの発想を前提にしないで

4

自分が客だったらという視点を忘れない

5

地域での一般的常識は疑ってかかること

6

若い人の新しい意見を十分に活用しよう

7

女性たちの視点や感性抜きでは成功しない

8

よそものの視点に聴くべきところが多い

9

一般的な旅行業者の意見は参考にしない

10

保守的な意見を押し切る強い意志を持つ

排他的経済水域は日本の6分の1を占める。

機会の最大活用とリスクの回避

では弱いところ、Wは何か。

遠い。船で行くしかなく、片道25時間半、しかも6日間に1便。旅行期間は最低6日間かかる。船賃が高い。船が揺れる。医療機関が不十分。救急対応に時間がかかる。宿泊設備が民宿ていど、いい宿が少ない。観光業のプロが少ない。ケータイは通じるが新聞がない。よく台風が来る（船が欠航になるかもしれない）。大学がない。住民の6割が最近5年以内に移住してきた人たちで、住民の郷土意識が希薄。観光産業に対する認識が低い。歴史文化などの伝統が、戦争によって分断されている。

次に外的要因からみた機会のOについて。

国や東京都などによる手厚い保護、支援体制がある。公共事業によるインフラ整備が進んでいる。東京都や国の省庁の支所が多く、公務員の比率が高い。11年に世界自然遺産として登録されることが決定した。10年先には空港ができるかもしれない。環境系の研究機関を誘致できないだろうか。硫黄島には温泉が出るが現在は自衛隊の基地があり、米軍の訓練場にもなっているため遺骨収集もままならない。しかし状況さえ整えば、ユニークな観光地としてのデビューも可能である。高齢者よりも若い島民が多い。

脅威やリスク面のTはどうか。

沖縄に比べるとあらゆる点で見劣りがする。時間的にハワイの方がずっと早く着く。地域的に不利な状況がますます強くなる。あらゆる面に人材が不足している。村として経済的な自立にほど遠く、食料自給率なども低い。特に農業が不振。観光立国政策の中ではますます不利な状況に追い込まれているのでは。空港もないようでは誰も振り向いてくれない。観光投資が少ない。大資本が来てくれない。安・近・短の市場傾向が強い。

といった具合に全部とにかく書き出してみる。さて、この分析にもとづく観光マーケティング計画の具体案はどんな形になるだろう。

＊参考文献：石原俊『近代日本と小笠原諸島』（平凡社）

04

現状の認識から積極的な仕掛けへ

これからの観光は成り行きまかせではうまくいかない。きちんとした将来のビジョン構築と具体化への戦術が不可欠である。それを地域の人々が理解し協力してくれるどうかが成否を分ける。

よそから来る人が地域に魅力を感じてくれるだろうか。

埼玉県川越西高校で修学旅行先希望につき、生徒たちのアンケートを実施した。候補地は①大阪＋九州、②沖縄、③小笠原の3カ所。修学旅行の条件は、楽しく、長く、快適にという生徒の希望、安くて安全という保護者の希望、有意義な体験活動をという教師の希望を満たすことである。アンケートの結果は①34％、②14％、③42％ということで小笠原に決定。旅行後の調査によれば、よかった89％、また行きたい87％、体験プログラムに満足73％、自然の豊かさを感じた98％、といった数字が学校から発表されている。小笠原のブランド力は大きい。

前節で見たように小笠原へは東京からの船でしか行けない。片道25時間半、最低6日間の日程で現地3泊、往復の船中2泊が必要。向こうにはいい宿も少なく、万一の救急体制は自衛隊による搬送を必要とする。目下東京からの旅行先でこれだけ時間がかかるところは、アフリカ奥地か南米ぐらいしかない。マスツーリズムを前提に考えると絶望的である。一般的な旅行業者からすれば、たったひとつのソリューションは値段を下げることだろう。往復5万円弱の2等船賃をどこまで値切るか。1泊2食の民宿をどこまで下げさせるか（言い過ぎたかな?）。分析とその対応を見ながら、具体的アクションプランまでを検討してみよう。

少量多品種の体験型プログラム提供

まずはWeakness（弱み）の消しこみ、あるいはStrength（強さ）への転換から。冒頭の船便しかないという所与の条件をもとにすると、小笠原が狙うべき旅客クラスターは、修学旅行を含む生徒・学生および中高年市場ということが明白である。船旅に対する不安はどうか。25時間の自由な時間は普通では得がたいし、市場調査ではそれに対する期待も48％はある。船酔いでは死なないし、寝ていれば目的地に着く。エコノミークラス症候群よりはマシという説得方法がきくだろうか。修学旅行ではなおさら、船中時間の使い方がひとつの教材である。ケータイともテレビとも無縁という船内時間をいかに活用するかは、想像力と創造力を刺激する。まさに「得がたい時間」が往復に確保されている。とはいうものの船酔いなんて絶対ダメという人が確実に存在する。これは諦める以外ない。

次に沖縄との対比で「負けるに決まっている」とされる観光地インフラについて。小笠原にはおよそ50軒の民宿がある。それぞれが各家庭のおもてなしを競う。手作り料理ならではのおいしさがあり、評価が高い。デラックスホテルや旅館に対して、文字通り「いまだけ、ここだけ、あなただけ」のサービスとホスピタリティーで勝負する。6000円から1万円という1泊2食の可能性と限界を事前説明段階で徹底し、期待と現実のギャップを消しておく。体験プログラムも多品種少量で人気が高い。修学旅行とて大量画一の観光は、もはやすっかり人気が失せている。戦跡や平和教育素材に関しては、むしろ小笠原のほうがリアリティー十分の対応が可能だ。沖縄は年間600万人のマスデスティネーションで、小笠原は1万5000人。単純比較するほうがどうかしている。大きさ、雰囲気、自然、文化、歴史、産業、人々の暮らし等すべてが違う。万一の場合の自衛隊機による救急搬送は都内の病院まで10時間(無料)、内地においてもその程度の所要時間は珍しくない。

小笠原と沖縄が似ているのは、単なる緯度上の同位性のみである。太平洋上にぽつんと存在する絶海の孤島群が小笠原であり、父島と母島を足しても広さは沖縄の50分の1。といった具合にユニークさを挙げ、説得的コミュニケーションを展開する。

余談だが歴史的側面から小笠原に光をあててみると、小笠原の面白さユニークさはいっそう引き立つ。日本の領土問題の縮図といえるかもしれない。1830年に外国人が住み始め、1876年から日本の領土、外国人は全員日本に帰化もしくは島外退去。太平洋戦争時7000人の住民全員が本土へ強制疎開。敗戦後はそのまま米軍基地化、68年日本への返還後ようやく帰島が許されたが、もとの住民の1割弱しか帰島しなかった。といった波乱の歴史ゆえ、ここの「国語」はわずか1世紀半のうちに5回も変わっている。特に大戦末期から4半世紀の間、米軍占領による歴史の空白期が続いた。沖縄にもなかった事態である。これらに対するポジティブな意味づけが、物語としての小笠原の強みとなるであろう。

外部の協力を獲得する積極的ビジョン

外的要因の「機会」は、そのまま「脅威」でもある。
小笠原村に対する公的援助が大きく、経済的自立に対する村民意識はきわめてのん

●持続可能な観光地形成へのキーワード

1

低価格競争は最後の手段であり先はない

2

期待と現実とのギャップは不満足に直結

3

体験型観光をなるべく多く準備しておく

4

のんびりできる時間の確保と場所の提供

5

マス観光のネガティブ部分を削る努力を

6

地域の人とのビジョンの共有が成功の鍵

7

顧客の滞在時間と観光収入は正比例する

8

High value & Low impactが持続可能性の基本

9

顧客満足抜きの地域ブランド成功はない

10

積極的な努力が外的機会をも引き寄せる

びりしている。国や都、船会社、公務や公共工事に対する依存度が大きく、農業や観光に対する必然性を多くの住民は認識していない。島の伝統が断ち切られているため、郷土意識が希薄である等々。これに関連した「弱み」として、現状は若い島民もバイト&レジャー感覚の人が多く、島の将来まではあまり考えない。環境問題に対しても個人の既得権が先に立ち、「公」の将来ビジョンを共有しようという方向にいきにくい。せっかくの世界遺産登録も無関心派が多く、これをきっかけとしたサステーナブルな観光地づくりの方向へは島民の気持ちが向いていない。

以上あらましの分析から導かれるマーケティングの具体策は、以下のような内容となる。

①2航海通しの9泊12日間を前面に押し出した滞在型の促進。理由は（1）中高年市場に父母両島へのゆとりある日程で高い満足度を提供する。同じ1人でも経済効果は3倍、環境負荷インパクトは3分の1。徐々に9泊の旅客比率を高める。（2）安近短の価格競争から満足感と質の競争へ。9泊にすることで天候リスクも軽減できる。（3）旅行日数に占める船内時間が40％から17％に下がるので船旅リスクが減る。②修

学旅行と学生市場に的を絞ったセールス展開。修旅1校でも全体の1～2％に該当する。年間伸び率としては十分。③世界自然遺産ブランドを持続的観光地形成のきっかけとして、小笠原のビジョンとブランド確立に最大限活用する。④外国人市場に対しては、まず東京在住者に向け情報を発信、少数でも彼らの体験から発生する顧客連鎖効果を狙う。自然・地理・歴史・文化的ユニークさから今後にかなりの期待が持てる。インターネットという英語情報環境も有利に活用する。⑤小笠原の海運と観光は一蓮托生。質的改善と満足度向上に全力を。⑥村内の民宿は徐々に品質向上の努力を。⑦都や国あるいは日本政府観光局のリソースを徹底活用する。

最後がいささか駆け足になったが、SWOT分析でネガティブとされたところが、かなりポジティブなほうにひっくり返っている。大なり小なりこのような作業が各地域の観光振興のプロセスに必要である。地域が広がればそれだけ問題は複雑化する。

＊参考文献：天野祐吉『広告論講義』（岩波書店）

05

歩ける国は人も自然も魅力的である

地域振興と観光がセットで語られることが多い。観光がお金を使わないでできる地域経済の救世主並み扱いである。

しかし観光地の形成は住民意識の形成と軌を一にする。単なる思いつきやイベントでできることではない。

全長2万2500キロメートルの遊歩道、という気宇壮大な挑戦がある。これはカナダ全13州のすべてを歩く道でつなぐ、「トランスカナダ・トレイル」※というプロジェクトだ。民間有志の発想で1990年にスタートし、すべての完成は2017年。150万人の人たちがこれに協力した。カナダ全人口のほぼ5%である。1人50ドルの献金により、1メートル分の「所有」が認められるのだという。一般企業スポンサーも数多い。結果的にはトレイル沿いにある全国1000の自治体が参加、各地にパビリオンと呼ばれる四阿（あずまや）をつくり、全部で2000枚に及ぶ説明板パネルを用意した。上記所有者たちの名前が文字盤に刻印されている。

車社会への新しい提案

このトレイルからは車が完全に排除されている。歩くかサイクリングか乗馬専用である。ただ一部は河川がルートになっているため、この区間はカヌーやカヤックの使用が、あるいは冬季にはスノーモービルの使用が認められている。ルートの大半は、昔使っていた鉄道路線跡、既存の古い道、国立公園や州立公園内のハイキングルートなどを利用し、牧場や山林など個人所有地内通行の許諾をとりつけ、延々とつないだ。
トランスカナダ・トレイルのビジョンには、①ひとつのビジョンにカナダ人が協力する、②子孫への遺産をつくる、③新しいコミュニティー、州、国をつくる、④カナダの歴史をつくる運動に参加する、⑤カナダ統一の新しいシンボルをつくる、の5点が挙げられている。

以上を長々と紹介したのは、このような考え方をこれからの日本各地における「観光地づくり」の参考にできないかと考えるからである。上記ビジョンにあるカナダとか国という字を各地域の地名に置き換え、考えてみてほしい。日本という社会はすべてにおいて東京への一極集中が目立っており、地方においては人口減や高齢化、過疎、伝統的産業の崩壊などの諸問題が、危機的状況として語られている。こうした状況への対応策として、そんなに大掛かりな予算を必要としない観光が、国によって叫ばれ始めた一番の理由だろう。それで全国各地のいろいろな地域が観光振興の合唱を始めた。しかし観光振興策の第一は魅力的な地域をつくることにあり、初めに観光客ありき、ではない。我々がどんな地域に魅力を感じたか、どんな地域にまた行きたいと思っているか、ということをいつも念頭に置いておく必要がある。いくら鐘や太鼓で人集めをしてみたところで、その地域が魅力的でなかったら、およそ状況は悪化するばかりであろう。

先のカナダにおけるビジョンには観光という言葉が出てこない。しかしカナダが「先進国」として抱える問題は、日本とそう大きく変わっているわけではない。少子高齢化、コミュニティーの崩壊、伝統の喪失、自然環境の悪化、等々を乗り越えてゆくべきカナダの、文字通り新しいシンボルとしてこのトレイルというアイディアが持ち出され、多くの人々の支持を得た。いわば魅力ある国づくりの提案なのである。

さてこのトレイルという発想と日本の地域づくりを重ねた場合、すぐにピンとくるケースがいくつもあることに気がつくだろう。その最右翼が四国88か所巡りのお遍路道だ。地域ブランドとしても、かなり強力な知名度を誇っている。究極のエコツアーがこの88か所巡りだと主張する向きもある。四国遍路は空海以来、1200年もの歴史をもっている。およそ1400キロメートルもの道を歩く。半世紀ぐらい前までは、お遍路さんは車を気にすることなく、道沿いの風光や住んでいる人たちとの交流を楽しみながら、のんびり旅することができた。四国は想像以上に山国である。そして川もたくさんあり、海に囲まれている。もとより人口密度は小さい。変化に富んだ自然と風俗があり、食文化の奥の深さもまた特筆に値するであろう。地元の人々も「ご接待」という名のもとに、よそからやってくる人々との交歓を楽しんでいる。しかし車最優先社会となってしまった現在、このお遍路道は各地で新しい車道に分断され、あるいは県道や国道に飲み込まれ、大半から昔の面影が消えてしまった。しかし昔から歩き続けられてきた道に入ってみると、苔むした石垣をうっそうとした森が覆い、石や土の道に木漏れ日がさしている。もしこんな道がどこまでも続いていたら、どんなにすばらしいだろうと思わせられるばかりである。

なぜ海外旅行は長く、国内旅行は短いのか

辰濃和男さんが書いた『四国遍路』に、シカゴからやってきたアメリカ人のお遍路さんが出てくる。彼は日本が好きで、歩くのが好きで、自然が好きだ。そしてこの3

●新しい観光創造への手掛かり

1

将来に対するビジョンを描くこと

2

次世代への遺産づくりという視点

3

有志が協力し、できることから着手

4

少しずつ仲間を募り増やしてゆく

5

常に対外的な発信を続けること

6

組織的なネットワークを拡大する

7

行政を頼らないで味方につけ活用

8

息長く続けるため組織を確立する

9

楽しみながら参加できる運動にする

10

資金の確保や裏付けを欠かさない

条件を満たすのには「四国の遍路が一番だと思います」と、辰濃さんに語る。しかし「国道を歩くのは苦痛です。ひどいです。またお遍路をしたいと思いますが、国道を歩くときのことを思うと疑問です」。フットツーリズムを提唱する山浦正昭さんも『自足旅行術』のなかで「歩いて旅が続けられ、続けたいと思う国は、それだけ国も自然も人々の暮らしも魅力的だ」と書いている。

日本国内の旅行はせいぜい1泊2日という人でも、ハワイには4泊以上滞在する。英国の湖水地方を1週間歩く人だって少なくない。では日本を歩くのはどうなのか。日本のある地域に1週間滞在する、あるいは滞在を可能にする「観光商品の可能性」はないのか。四国遍路を下敷きとした「四国一周トレイル」が、その答えのひとつだろう。古道をよみがえらせ、車道とはっきり一線をひく。みんなの協力で部分的には山道や杣道（そまみち）に手を入れてつなぐ。この運動には間違いなく四国以外からも多くの人々が参加するだろうし、外国からも同様である。新しい四国一周1400キロメートルが出来上がったら、四国全体の大変なプライドになる。観光的な人気もさることながら、日本各地に大きな勇気を与えるだろう。つまり「新しいビジョンに四国の人々が協力し、子孫への遺産をつくる。新しい村、町、四国をつくる。四国の歴史をつくる。四国統一の新しいシンボルをつくる」という運動。すでに熊野古道という前例があり、全国各地には同様の「街道再生」を目指す人たちがたくさんいる。車社会に対するひとつのアンチテーゼでもある。四国だけで1400キロメートルなら全国にすると2万キロメートル、あるいはそれ以上になるかもしれない。直接的な観光開発ではない。しかし結果的には大変な観光素材になる。半世紀がかりというぐらいのスタンスで始めればいい。自治体や国任せでは決してうまくいかない。ビジョンを共有し、自分たちの手で息長く続ける。下から盛り上げてゆく。各地を少しずつつなげてゆく。カナダの例はとても示唆に富んでいる。観光創造あるいは観光地の形成は一朝一夕ではできない。

※2011年7月現在、トレイルの最終完成は2017年、カナダ建国150周年と同時期になったと発表された。参加を希望する自治体やスポンサー企業が増え続け、トレイルの総延長は従来の計画より4000キロ以上伸びている。

＊参考文献：辰濃和男『四国遍路』（岩波新書）

06

地域という名前の「商品と開発」

どんな観光地が魅力的なのだろう。魅力的に見えても実際にはがっかりのところも少なくない。期待しなかったところに意外な発見もある。顧客満足を生み出す地域力とは何か。

旅行者を引きつける要素はたくさんある。自分たちが旅行したなかで、どんなところが印象に残っているか思い浮かべてみてほしい。旅行する前と後における、期待と現実との比較はどうであったか。また行きたいと思うか。そこまでではなくても人に勧められるか。こうした事柄すべてが地域を観光商品として考える場合の重要な視点となる。自然環境、景観、宿泊施設、食べ物、体験活動、ホスピタリティー、季節的な特徴ほか。また事前の選択肢に入ることはないが、事後の記憶に残るもののうちに大きな比重を占める「人とのふれあい」がある。優しい笑顔やちょっとしたしぐさがとても嬉しい。旅行中その地の子供たちがごく自然に、元気な挨拶をしてくれるところがある。こうしたことでさえ、地域力のひとつとしてとても大切な要素に違いない。

美しくないところへ人は来ない

観光局の直接的責任範囲ではないと言うかもしれないが、地域の魅力を語る場合しっかり留意しておきたいことは、「美しくないところへ人は来ない」という単純な事実だ。野放図な屋外看板、薄汚れたガードレール、視界に錯綜する電柱や電線。この3点が無くなっただけでも、日本全体の風景はかなりすっきりする。お客様を迎えるには大掃除をするであろう。人工的なハコものやまがいものも嫌われる。横文字の○○村とか△△ランドの発想は半世紀前のものだし、日本中の湖に浮かぶ白鳥の足漕ぎボートにしてもまた然り、さらにイベントにつきものの「鳴り物」もうるさいだけである。

街並み景観について言うなら、建物の屋根の高さ、角度、色、建築素材など外観にある程度の統一性を持たせることなど、もはや常識である。昔ながらの黒々とした瓦屋根が続く街並みや集落など、今やそれだけで不思議な安心感がある。必ずしも自分だけ目立とうというわけでもなかろうが、奇抜なデザインや色使い、とんがりすぎたり四角や丸の屋根、周辺との調和を全く無視した建物群が多すぎるのが、この半世紀に出来上がってしまった日本中の街並みや村々の風景である。諸外国に目を向けると、庭の美しさを競ったり、美しい街並みを自慢しあうコンテストを実施しているところが少なくない。日本だって基本的なコンセプトさえしっかりしていれば、何十年かのうちには、街並みや街路樹も少しずつ整備し直すことができる。

イタリアでファストフードに対抗するスローフードという運動が始まって25年が経つ。1999年にはこれがCittaslow、つまり「スローシティ」という町おこし運動を生み出した。ゆったりした食事を楽しむことからずっと踏み込んだ、生活の質的向上を目指す運動である。人口5万人までの小さな自治体が基本になっている。09年現在イタリアで68都市、世界20カ国135の自治体が参加している。ちなみに韓国からは6市が参加しているが、日本からはまだない。人々が安心して暮らせる、温かいコミュニティー、幸せな世の中をつくることを目指し、国際的ネットワークの形成をもくろんでいる。

スローシティの掲げるテーマや政策は以下のような項目だ。①環境政策（省エネや安全な食について）、②基礎インフラ（乗用車の乗り入れ制限や歩行者・自転車道整備、お年寄りや身体の不自由な人への支援策など）、③都市景観（建築、ゴミ、騒音など）、④地域産品や文化の育成と保存（農産物、手工芸品とその販売促進、地域文化行事の価値向上と保全、子供たちへの教育プログラムなど）、⑤観光促進やおもてなしの向上、

⑥住民参加や運動の拡大。これらを見て気づくことは、観光による地域おこしを目指す、日本の町や地域が取り組まねばならないことばかりである。スローシティのブランドマークはかたつむりだ。生産性、便利さ、スピード、長時間労働など経済効率最優先から、ゆとり、美しさ、思いやりなど、暮らしの質感、多様性、感性、文化を優先する価値観への転換を象徴している。「今の自分」から「明日のみんな」、という視点への切り替えと見ることもできよう。

地域の意思と住民の参加

このような動きをにらみながら、日本では「美しい村連合」という運動が出てきた。北海道の美瑛町など、10年現在33の自治体や地域が参加している。それぞれ目指すところは同じである。いずれにせよこのような運動に参加することから、対外的なあるいは国際的な連帯が生まれる。地域のブランド力に寄与するところだって少なくない。それもこれもどんな地域を目指すのかという、「地域としての意思」である。

上記スローシティの政策2番目に挙げられる車社会とのすみ分けは、日本各地にと

●観光地形成とスローシティ運動

1. 有機野菜など安心な食べ物を提供する
2. 省エネや代替エネルギー使用計画の促進
3. 乗用車の抑制と安心して歩ける町づくり
4. お年寄りや身体の不自由な人への配慮
5. 町並みの景観形成、ゴミ処理、騒音対策
6. 伝統産品や手工芸の育成と保存を図る
7. 地域文化行事の価値向上と保全の活動
8. 観光に関する住民への広報と対外販促
9. スローシティ運動への住民の協力要請
10. スローシティ運動の対外的な普及促進

ってとりわけ重要である。特に観光客誘致を前提とするなら、この点に対する積極的な取り組みは不可欠と言っていいだろう。我が物顔で走り回る車の危険性、騒音、排気ガスなどはいずれも観光地としての価値を下げる働きしかしていない。歩くこと、あるいは自転車、車椅子など、ハンディキャップのある人々までを考慮した、優しい地域全体の交通政策が、世界中の魅力ある観光まちづくりの基本になりつつある。

同じくスローシティ政策の4番目に、子供たちへの教育プログラムが挙げられている。地域固有の食べ物、自然、産業、歴史や文化などの素晴らしさを、学校教育を通して子供たちに教えることの大切さを言っている。他地域や諸外国との客観的な比較を通じ、いっそう説得力を大きくすることができるだろう。地域から外へ巣立っていく子供たちが、そこの積極的広報役を担ってくれるかどうかも大切なポイントである。それぞれが誇りを持って故郷を語れるか。これこそ一番力強い広報になるであろう。

このように、ひとつの地域を観光商品として捉える場合、地域が持つ独自の魅力をどのように捉え、どう磨き上げるのかという基本を、観光局がしっかりわきまえる必要がある。地域づくりで住民の協力抜きにできることなどありはしない。人々の考え方を変え、協力を引き出すためのリーダーシップがとれるかどうか。ここで紹介したスローシティ運動をみてわかるように、これは高度経済成長の過程で失ってきたものの回復運動でもある。優しさ、思いやり、文化の多様性、美しさ、地域の個性、自然環境。この意味からすると民主党が打ち出した「コンクリートから人へ」というスローガンは、まことに観光立国の核心をついたものだった。しかし、今後日本の観光国家政策はどうなるだろう。

いずれにせよ日本各地の観光政策は、自身の手でつくり実行に移す。地域の意思があってこそ、支援も期待できる。魅力ある地域をつくる意思があるのか。それがここで言う観光地という「商品と開発」であり、それら努力の結果として、観光客はやってくるのである。

＊参考文献：宮本常一『旅と観光』（未来社）、地域振興総合研究所編『地域力』（講談社）

08

観光ルートの設計とブランディング

ブランドとは、ある商品に名前を付けることである。市場において他の商品との質的な差異を、一目瞭然に主張したい。商品の特徴を印象深く、記憶しやすいように包み込む。それに信用度を付与するのが顧客の満足である。

ある地域を観光でアピールしようとするとき、ひとつのモデルとなってきたのはドイツのロマンチック街道である。第2次世界大戦後のドイツに駐留した、アメリカ人の兵士や家族の休暇旅行という市場を対象に、南部ヴュルツブルクからフュッセンに至る360キロメートルのルートへの命名だった。今にいう観光地域ブランドの開発である。以後ドイツ観光局や自治体ではこの街道コンセプトを競い、すでに150以上もの街道が構築されているという。インターネットを覗いてみると、それぞれが地域独特の歴史文化や史跡、特産品などを前面に出しアピールに懸命である。ドイツ観光街道とあるが、もともとは「休暇街道」を意味するようだ。各街道の名称からキーワードを拾ってみると、ワイン、温泉、アスパラガス、水車、ルネッサンス、陶器、ハンザ、伝統、古城、古代ローマ、ミルク、修道院、アルプス、時計、ミステリー、塩、ガラス、バルト海、エリカ、粘土、緑、詩人、ゲーテ、伝説、等々とはなはだ多彩、それぞれのブランド開発努力がしのばれる。ドイツ全体が持つ実に豊かな、そして魅力的な観光要素がおのずから浮き上がってくるようだ。

旅心をそそる街道名

日本には、お江戸日本橋を起点とする東海道、中仙道、日光街道、甲州街道、奥州街道という「五街道」があった。もちろんこれらは観光プロモーション用に考案されたものではない。しかしいまだにこれらの名称は、日本人の何がしかの旅心を刺激する働きを持っている。各地に残る街道や「○○の道」なども同様である。

自分が旅行会社で企画の仕事をしていた頃の1983年、カナダに対して「メープル街道」というコンセプトを提案した。日本からカナダへの旅行は、70年代前半のカナディアンロッキー中心から、後半にはナイアガラへと足が延びたものの、80年代になってもそこから先に進まない。どこの旅行会社も決まりきった、ロッキーとナイアガラのカナダ旅行一色だった。このままでは市場がついてこなくなる。まさにカナダという途方もない魅力を抱えた国、ひとつの大切なデスティネーションが宝の持ち腐れになると心配した。ナイアガラから先には、トロント、キングストン、オタワ、モントリオール、ケベックシティという、なかなか魅力に富んだ街々が800キロメートルにわたり続いている。カナダ紅葉の3大名所もこのルート上にある。何とかここへ日本のお客様を誘導したい。その先のアトランティック・カナダへも、やがて手を広げてゆかなくてはならない。しかし当時はこうした街や名所も日本においてはなじみがなく、全部の名称を並べてみてもさっぱりピンとこない。何かバーベキューの串のように、これらをひとまとめに貫く名称はないかと、さんざん考えた揚げ句に浮上したのが「メープル街道」というブランド・アイデアだった。

しかしこの思いつきも、1社だけで唱えたところでパンチがない。そこで当時のカナダ観光局にもちかけ、日本の全旅行会社にメープル街道という名称を使った旅行商品を企画し販売してくれるよう、呼びかけてもらった。同時に観光局PR戦略の中心にこの新しい地域＝名称を据えてもらい、マスコミに対する現地取材もここに集中させるよう依頼した。さらに航空会社には、新しいメープル街道関連コース用に、特別割引料金の適用をしてくれるよう口説いた。あからさまに言うなら、観光局との二人三脚でメープル街道をでっち上げたのである。

しかしこの効果は意外に早く表れ、およそ10年でメープル街道はすっかり日本市場に定着、カナダへの日本からの旅行は、夏のカナディアンロッキーから秋のメープル街道にそのピークが移った、といわれるほどの成功になった。

お国自慢を発信するブランド

ロマンチック街道に話をもどそう。日本各地にもこのような街道のコンセプトで観光開発をもくろむ地域が少なくない。そこにある地域の宝をうまくすくいあげ、独特な印象深い命名に知恵を絞る。まさに名は体を表すという核心への重要なコンセプトワークであり、地域全体の振興あるいは観光開発にとても大切なプロセスである。これを上手にやることができれば、ただ単に観光というのみならず、1次産業や2次産業のブランディングにも適用し、相乗効果を狙うことさえ期待できるのである。ところがご存知のごとく日本には、ドイツのロマンチック街道をそのまま、自分の地域ブランドに借用しているところが3カ所もある。小諸から日光への「日本ロマンチック街道」、広島県の鞆の浦から鳥取県北栄町への「ロマンチック街道313」(国道313号線に沿っている)、大阪豊中市の「豊中ロマンチック街道」。ラインン川クルー

●観光地域ブランド形成のプロセス

1

地域の魅力は何か徹底的に精査する

2

五感を総動員し、すべての事象を洗い出す

3

四季折々や朝夕の特徴も並べてみる

4

よその人や若い人の意見をしっかり聞く

5

共通項に沿ってさまざまな分類を試みる

6

地図の上にそれらを落とし込んでみる

7

ブランドとして思いつく名詞を全部並べる

8

それらの組み合わせ消去を繰り返す

9

カタカナ語はなるべく使わない

10

口に出してみて言いやすいかどうか試す

ズから借用した日本ライン下りも同様なのだが、まったくもって怠慢お手軽いい加減としか言いようがない。外国の事象でありさえすればありがたがって頂くという、昔から日本に続く「辺境論的発想」の典型がここにもある。

今後の日本のインバウンド促進においては、さまざまなアイデアをしぼり込んだ、多様な観光ルート設定が真面目に考えられなくてはならない。日本を10ほどのブロックに分け、各地域のさまざまな観光要素および四季それぞれの魅力を訴求するべき必要性につき何度も触れてきた。ナントカ100選のような全国一律並列ではなく、地域における特徴を独自に観光ルートとしてブランド化する。冒頭に紹介したドイツ各地の観光キーワードは示唆に富んでいる。歴史、自然、産業、食、アートといった分野から、テーマ別のルート設定もいいだろう。お国自慢の発信である。全国各地で同様な試みがなされ、個性を競い合えれば面白い。地域へのインバウンドという意味では、国内市場と海外市場とを特に区別して考える必要はない。もちろん、それらを主要な市場の言語に置き換え発信する。

アジアからの旅行者が東海道などの「ゴールデンルート」に集中、安近短・低価格・

低品質に傾きがちという。日本が今まで対外的に、意図的な観光マーケティングを何もしてこなかった当然の結果である。諸外国の旅行・観光業者あるいはメディアに対し、マーケティングをセオリー通りきちんと継続してきていれば、消費者がそんな低レベルに集中することなどありえない。品質における差別化や競争がなされなければ、消費者は価格を唯一の判断基準に旅行を選ばざるを得ないからだ。今後日本の各地は、観光ルートの開発、磨き、ブランディングに、もてる知恵を最大限に投入するべきである。

今や東京だけをとってみても、戦後ドイツに駐留した米軍兵士の何十倍もの外国人が住んでいる。インバウンド市場の開拓は、まずここから取りかかってはどうだろう。

＊参考文献：小林天心『ツーリズム・マーケティング実践』（観光進化研究所）

08

日本にできた80キロのロングトレイル

山ガール、といわれるちょっとしたブームがみられている。タフで苦しい山屋さんの世界とは趣が異なる、自然志向のひとつらしい。やがてアジアや欧米からのインバウンド・ツーリズムのなかにも、日本の山歩きを志向する層がでてくるに違いない。

歩いてみたいトレイルがある。

四国のお遍路道や、とてつもないスケールで完成しつつあるトランス・カナダ・トレイルの話を紹介したが、じつは日本各地でも面白い動きがみられるようになっている。ぜひ一度と思わされているのが、ここにご紹介する「信越トレイル」だ。

全国の都府県を大きい順から並べてみると、岩手、福島、長野、新潟、秋田がトップ5である。このうちの長野と新潟は南北に細長くつながっている。地図を見ると一目瞭然なのだが、南から長野が新潟に食い込んだような形、あるいは逃げる長野を北から新潟がくわえこんだような形、とでもいったらいいだろうか。

この県境のいちばん北部、長野県のてっぺんにあたる部分が関田（せきだ）山脈、その北端にあるのが野々海（ののみ）峠だ。山脈の南側には斑尾（まだらお）高原、飯山市、野沢温泉村が並ぶ。おなじく北側には妙高市、上越市、十日町市が相対している。スキーが好きな人たちにはいずれもなじみ深い名前ばかりであろう。山脈の南側のすそ野をぬうように、千曲川とＪＲの飯山線がほぼならんで蛇行している。

この辺りは世界有数の豪雪地帯であり、積雪量は8メートルにも達する。関田山脈の標高はおよそ1000メートル前後、最高地点でも1300メートルほどだから、北アルプスに代表されるような大山脈ではない。そのぶん、ぶなの巨木に代表されるような落葉樹林がいちめんを覆っていて、比較的気軽に誰もが雄大な、四季の変化に富んだ里山の自然や土地の風俗にふれることができる。つまりアルピニストの世界とはかなり趣の異なる、ゆったりした山並みということができそうだ。

この関田山脈に2008年、全長80キロの信越トレイルができあがった。トレイルヘッドは、南が斑尾山、北が天水山（あまみずやま）。NPO法人の信越トレイルクラブが発行した『信越トレイルを歩こう』という、まことによくできた公式ガイドブックがある。この地域の自然から、歴史、伝統文化、おはなし、動植物、花図鑑、温泉ガイド、なども含めて、じつに魅力的なトレイルの概要が、詳しいイラストマップなどとともに掲載されている。

その中身をちょっとご紹介すると、トレイルは南から次のような6つのセクションに分けられている。セクション1は斑尾から赤池まで。大眺望と斑尾高原最奥の森をゆく。2の涌井までは、花々に彩られた沼沢と湿原を巡る。3の仏が峰登山口までは、戦国時代から今に至る歴史ロマンの道と書かれてある。4は関田峠までの、信越国境にかかるブナ尾根を歩く。5の伏野峠までは、神秘的なたたずまいのブナ回廊を抜ける。最後のセクション6が、手つかずの自然が残る須川、野々海、深坂（みさか）の3峠をぬって天水山に至るルートだ。全部で13もの峠があり、ふつうのひとが無理なく歩き通すには5~6日が必要とある。トレイル沿いにはキャンプ場や、各種の宿泊施設があり、部分的にも通しでも、おのおののスケジュールやペースに合わせて楽しめばいい。

このトレイルを管理しているのが、03年発足の信越トレイルクラブである。ガイドラインとして、①生物多様性の保全、②自然文化の学び・伝承、③地域の活性化、という3点を先ず掲げた。関田山脈のすばらしい自然を未来につなげるというミッションである。

08年のトレイル完成までには延べ2000人のボランティアたちが協力した。それまでに、関連する17市町村、関連団体、企業、国交省、林野庁、営林署などの協力があった。現在トレイルクラブが行っている事業は、①トレイルの維持管理、②交流活性化事業、③自然保護啓発・レンジャー活動、④ルール・マナー理念・観光に関する啓発PR、⑤環境教育、⑥動植物の調査研究、⑦ガイド育成と派遣、⑧ツアーやシンポジウム、⑨関連諸団体との連絡・協力、など。これだけのロングトレイルをしっかり運営してゆくためには、たんにみちを通すだけではなく、周辺環境の保全までを含めた、相当広範囲にわたる具体的活動が継続的に行われなければならない、ということがよくわかる。

こうした信越トレイルの立ち上げに、構想時からブレーンとしてかかわってきた加藤則芳さんは、バックパッカーとしても知られる作家だ。彼はアメリカのアパラチアントレイル3500キロを187日間かけて歩いた。こうした内外のトレイル歩きを通じ抱いてきた思い、理念、アイデアを反映させながら、自然の観点と利用者の立場からみたトレイルの実現に協力してきた。さきの公式ガイドブックからかれの話を引く。

「重要なことは、トレイルをつくっても持続的な維持管理ができなければ、数年もすれば草木が繁茂し、トレイルは消滅してしまいます。それではたんなる自然への虫食いでしかありません。管理組織の充実は、何より大切なことです」

「活用のしかたの大事な柱として『地元から愛されるトレイルにしよう』ということを掲げました。地元の小学生に歩いてもらう体験学習や、学校行事として取り入れ、自然教育の場、地域の歴史や文化のすばらしさを再認識してもらう場、として活用してもらう。将来、さまざまなところに出て行っても、故郷を愛し、誇りを持てるようになってくれたらと思います」

これこそがトレイル成功のカギだろう。世界各地にはこうしたロングトレイルが、多くの人を引き付けている。もう一言だけ加藤さんの言葉を引用させてもらいたい。

「日本は世界でも有数の山岳文化を持っている国ですが、登山は山頂を目指す垂直思考、いわゆるピークハンティングですから、そこでのふれあいは自然だけなのです。それに対してロングトレイルは山頂を目指すのではない水平思考。里山歩きも多いですから、文化や歴史、その地域に暮らす人たちとのふれあいを感じられます。その距離が長ければ長いほど、それらをより強く、より深く体験できる」

このようなコンセプトのもと、生態系の保全を基本理念に、「爪でひっかいたような一本のトレイル」を、重機を使わず人間の手でつくりあげた。今まで日本になかった、民と官が親密な関係を築いたうえ、ほぼ10年がかりである。もちろんボランティアたちは今も維持管理に参加している。誰かがつくり、ほったらかされたままというようなことにはなっていない。民間のクラブが会員を募り、上記のようなさまざまな事業を展開しながら、トレイルの整備を続けているのである。このトレイルを支えているのが民間有志、地元の誇りになっている。登録されているガイド料（半日1万円、1日1万5000円）や、公式ガイドブック（1300円）・地図の売り上げも、重要なクラブの収入源である。あくまで民間の手で自立的かつ自律的なクラブ運営、経済原則にそった形をつくらないとトレイルの持続は不可能である。このような形こそ、フットツーリズムを提唱する山浦正昭さんが言う、「自然も人々の暮らしも魅力的な国」へのスタートラインであるにちがいない。

信越トレイルへの加藤さんの思いはさらに続く。関田山脈から東西に距離を伸ばし、東は苗場、代砂山（2140メートル）、西は白馬岳（2933メートル）まで、信越国境すべてを貫く壮大なトレイルにすることだ。ざっと250キロにはなるだろう。もしこうしたかれの夢が実現すれば、東はさらに白根山から浅間山へ。西は白馬から先の飛騨山脈・北アルプスへとまったく別のトレイル構想につながってゆくかもしれない。

＊信越トレイルクラブ事務局　〒三八九—二六〇一　飯山市照岡一五七一—一五なべくら高原森の家内　電話：〇二六九—六九—二八八八　E-mailはoffice@s-trail.net

＊参考文献：ハーベイ・カーケリング『巡礼コメディ旅日記』（みすず書房）

09

観光地形成の基本的デザイン

観光デザインとは望ましい地域観光の将来像を描くことである。それらのすべてを「消費者の視線」からしっかり組み立ててゆく。継続的なエネルギーの投入なしにリターンは望めない。

新しい観光への投資とリターンを考えよう。

新しい時代の、新しい観光に取り組もうとするあらゆる観光局は、どんな観光地にするのか、あるいはなるのか、その将来像を明確に描き出しておかなくてはならない。いつの間にか観光客が来はじめ、あるいは何かのきっかけでブレイクし、地域としての観光受け入れ態勢が後手に回ってしまうような事態は避けたい。せっかく訪れた観光客を、不満足なまま帰したくない。ソフトとハード双方における観光投資が、しっかりした将来像・デザインに基づき行われるべきである。また、それへの地域行政や観光業者、住民の合意形成が何より大切である。ここではそれらのうち特に分散化、宿泊滞在、話題づくり、という3点について述べる。

地域とシーズンの分散化

観光局の使命のうち大切なことのひとつは、ツーリズムの偏りをなくすことである。特定の地域やシーズンに観光客が集中しすぎないよう、常に分散化を意識する。1カ所にお客様が集中することはなるべく避け、面に広げたい。特定地域集中は飽きられやすいうえ、環境面の負荷も過大になる。また各地の観光サービス提供者たちは、地方になればなるほど経営規模が小さい。地域全体の健全な観光産業を育ててゆくためには、なるべく広い範囲から、多彩かつ魅力的な観光要素を拾い出し、平均的にそれらを訴求できることが望ましい。それが結局は強い観光局を支える基盤にもなる。特定スポットだけ突出させるのは望ましい観光地域の形成とは言いにくい。この側面からも、前回述べた各種観光ルートの設計は大変重要な意味合いを持っている。

また、観光サービスを提供する側にとって、シーズン的偏りがありすぎては、望ましいサービスの継続的な提供ができない。忙しいシーズンにこそいいサービスを提供して「また来よう」と思ってもらわなければならないのに、偏りの激しいところほど逆の現象が起きる。繁忙期になるほどパートタイム的な素人スタッフを前面に出さざるを得ず、サービスのばらつきを招く。良好なサービスが提供されないにもかかわらず、「ピークシーズン料金」などといって、普段より高い料金設定をしたりする。つい売り手市場に立ってしまい失敗するのだ。シーズンにかかわりなくいいサービスが提供されなければ評価が下がる。つまり望ましいブランド構築ができない。旅館やホテルで働くスタッフを考えてみれば、これは一目瞭然だろう。短期的なスタッフの入れ替えが絶えず行われるようでは、とても良好なサービスなど確約できない。駐車場やフロント、電話の対応、客室係、レストランや食事のサービス、調理場、こまやかな心遣い、迅速な苦情対応、さらにはハード面のメンテナンスまで、おのおのが切れ目なく一定の評価を得られなくては、いい顧客満足を獲得することができない。どこか1カ所でも欠落部分があると、それが全体評価に大きく影響してしまうからである。地域全体の観光サービスについても同じことが言えるであろう。あらゆる局面の顧客接点において望ましいサービスの提供がなされること。これが持続可能性の追求である。また地域住民にとっては、昔からの思い込みによる「いい、悪い」がある。こんな当たり前のこととか、つまらないもの、あるいは季節の良しあしなど、いわば土地生活者の常識である。これを打ち破り評価し直すことができるのは部外者の視点だ。さらに女性・若い人たちの意見も注意深く聞きたい。

観光局というのは、地域全体の観光の「質的管理」を行わなければならない。したがってこのような「地域とシーズンの分散化」は観光局にとっての永遠のテーマといえよう。

快適にすごせる宿泊施設を

次に、来訪者を滞在させる努力について。いくら来る人の数が増えても、地域としてはそこに経済効果が表れない限り意味がない。つまりできることなら宿泊してもらいたい。観光客の滞在時間とそこにおける消費金額は正比例する。通過型、立ち寄り型、覗き見型観光客が増えるだけでは、ゴミやトイレへの置き土産のみが増加する。せめて1泊でもしてもらえれば、地域全体への経済的波及効果は小さくない。このための地域観光プランの中で、何をし、どこに泊まってもらうかという点はおろそかにできないのである。この点で日本各地に取り残されている「国民宿舎」的宿泊施設群は、大いに疑問のあるところが少なくない。チェックイン時間は遅く、チェックアウト時間は早い。消灯、起床、食事、風呂など、時間が固定され、恐ろしく融通が利かない。建物も部屋も古く汚れ、たばこのにおいがしっかり染みついている。従業員の年齢は一様に高く（これは必ずしも悪くはない）、ホスピタリティー精神の欠如たる

●地域の観光デザインが目指すこと

1
安心して歩ける町や通りをつくる

2
街や村をきれいに、美しくすること

3
木を植え安らぎの空間をつくること

4
地域全体でホスピタリティーを演出する

5
心地よく過ごせる時間と空間を提供する

6
住みやすい、自慢できる地域をつくる

7
滞在中の観光サービスに選択肢を準備

8
気持ちよく泊まれる宿泊施設を提供する

9
期待を上回るサービスや品質を提供する

10
新しい観光のテーマを常に発信する

や超一流。まるで大昔の役場の職員がそのまま、宿泊施設に居ついてしまったかの如くだ。こういったところは、少なくとも新しい観光地形成をもくろむ自治体なら、多少の投資は覚悟のうえ一刻も早く取り壊してしまわなくてはならない。そして小規模でもいいから、民間の高品質な宿泊施設、ある程度しっかりした民宿などへの投資を促すべきである。肝心な宿泊施設を用意しないままで、観光客誘致などおこがましい。自分たちが観光客になった時のことを考えれば、一目瞭然である。地域全体の観光デザイン構築上、宿泊施設にいい加減な対応のままでは、マーケティングの努力自体がむなしい。さらに観光局としては、宿泊施設に対する不断のサービス・顧客満足度向上への誘導を重要な使命と心得たい。

3番目に挙げたいのは、常に新しいサービスや話題を提供することである。毎年なんら変化のないキャンペーンをだらだら続けていないだろうか。観光課の予算がその課目でとってあるというだけの理由の、自己満足的住民お祭りイベント。スタッフだけが忙しがっていて、住民が仕方なく付き合い参加する程度の観光イベント。地域の観光予算を全部ひっくり返して、何がどこにどのように使われているのか、全面的に見直してみてほしい。前例踏襲、新しいことに対する拒否反応はお役所の常識だが、観光にとっては不都合極まりない。常套句の「予算がありません」は、実はやる気がないのである。

それはさておき、特に各地の自治体に欲しいのは、販売促進への高い意識である。やたらイベントをやるとか、施設をつくりさえすればという根拠のない思い込みは捨てる。毎年新しい観光ルートやテーマを発表する。目新しいプロモーションを考える。メディアや旅行会社の注意を絶えず引きつけておく努力。ネットの活用。テーマは無数にある。常に何か新しい話題を提供する。新商品は最大の顧客サービスである、というのは観光産業や地域にとっても適用できる法則である。

＊参考文献：谷口正和『オンリーワンのつくり方』（講談社）

Chapter 03

第3章 観光マーケティングの鍵は販売促進

観光局のセールス活動

観光局のマーケティング第一歩はセールスから始めよう。売るべき商品と対象市場がしっかりマッチしているか確認できただろうか。望ましいのは航空会社や現地の旅行会社と三位一体の活動である。日本から出かけるセールスなら最低年に2回は必要だ。

01

地域を1個の商品に見立てると同時になされるべきことは、それをどこの誰に売り込むかという市場の確定である。商品特性と市場の性格がうまくマッチしていないと、マーケティングの効率は低下する。狙うべき市場は中国なのか、韓国なのか。あるいは欧米か。さらに男女の別や年齢層。個人か団体か。特定の旅行目的（SIT＝Special Interest Tour）に限定するケースもあるだろう。若い欧米のバックパッカーに的を絞ることも考えられなくはない。彼らはイノベーター（開拓者）である。気に入れば長く滞在する。最新の情報発信能力に長けている。仮に1日あたりの消費金額が少なくても、それをはるかに上回るメリットをもたらしてくれることが多い。現在の日本において「ガイジン」さんたちに人気の高いエリアがいくつか見られるが、ほとんどはこうしたイノベーターたちによって知られるようになった。ふとした偶然がきっかけである。もしかすると地場産業の何かが、あるいはちょっとした人のつながりが、こうした糸口になるかもしれない。いきなりたくさんの量を狙うマスツーリズム志向より、少ない数でもいいから、のんびり時間をかけて滞在してくれる個人客に的を絞り、じっくり販促計画を実施していく手法が考えられていい。あるいは、姉妹都市提携がきっかけとなり、中国との間にチャーター機が行き来する地方の自治体もある。

話はそれるが、最近日本政府により、中国人への査証発給条件が緩和された。これにより、中国からの旅行者数が何倍かに跳ね上がるのではという期待がある。日本からの旅行者に、中国政府は特別な条件を求めていない。しかし、日本は中国人に対し、収入、固定された日程、身元保証など多くの条件を付けており、自由化とはほど遠い。この不平等は、日本人が70年代までアメリカから要求されていた査証発給条件と似ている。我々は全くの不便、不愉快、あるいは見下されているような感情を持たされていた。しかし一時代巡って、今度は日本が中国に同じ態度で接している。ちなみに、日本のアウトバウンドの25%が中国行きだが、中国のアウトバウンドのうち、日本向けはわずか2%。もし日本からと同じ比率で、中国から日本への旅客があるなら、その数は今の10倍を優に超える。しかも中国人の外国旅行者数は、向こう5年で倍増すると世界観光機関は予測している。日本側の条件さえ整うなら、２０１５年に中国人だけで1000万人超などという数字が、あながち非現実的とは言えない。

できる限り「現地の人」の活用を

話を元に戻すと、このような状況から、狙うべき市場を中国や韓国に絞り込んでいる自治体が少なくない。特に近くに空港があり、中国・韓国と空路で結ばれている場合は当然である。ツーリズムマーケティング成功の鍵は、対象市場と地域を結ぶ運輸機関にあるといっても言い過ぎではない。双方を結ぶ橋（運輸機関）があるとないでは、商品の設定やマーケティングの組み立てが異なる。したがって、特に東京、関西、名古屋のような大きな空港が近くにあり、中韓以外の国や地域とも結ばれているエリアは、当然ながら狙うべき市場の選択肢が大きい。

また売り出す地域の商品特性が、対象となる市場の好みに合うかどうかをテストしておく必要がある。市場を正しく理解している人たちの意見を聞く。あるいはテストしてもらう。売り手の一方的な判断、希望的観測のみに頼ったマーケティングでは、闇雲に鉄砲を撃つに似た、あてどなさがつきまとう。

ついでに記しておくが、特定の市場にマーケティングの事務所を出す場合、「地域と市場の双方に詳しい現地の人」に仕事を任せることが望ましい。ＪＮＴＯ（日本政府観光局）を例に取ると、目下世界13カ所に自前のオフィスを置いている。しかし各地のトップに、日本のことも市場のことも知らない、観光にはシロウトの出向官僚が座っていたりする。無駄遣いそのものである。限られた予算の中で効果的なマーケティングを遂行してゆくためには、スタッフも含めた「現地化」が望ましい。観光局の仕事は外交よりよほどシビアかもしれない。そこの市場で世界の各国とパイを取り合う。人間関係やコミュニケーション技術において、有能な現地の人を起用するほうが圧倒的に有利で、日本からの派遣より固定経費のムダも少ない。

歩いてまず自分を売ること

さて、自前のオフィスなどを出せる余裕がない地域は、所属するブロックの対外的観光マーケティング活動に相乗りするとか、ＪＮＴＯとの協働を図らなくてはならない。あるいはそうした機関の協力を得ながら、こちらからセールス活動に出かけてゆ

●観光局セールスの基本的な心がけ

1. 狙う市場のセグメントを確定する
2. 市場と商品をしっかりマッチさせる
3. イノベーティブ・トラベラーを大切に
4. できる限り現地の人に仕事を任せる
5. 商品より先に自分を売り込むこと
6. 日本からのセールスは年に2回以上
7. 旅行会社とマスメディアが2大目標
8. PRと旅行商品をシンクロさせること
9. 少数でもしっかり成功事例をつくろう
10. 航空会社や旅行社との協働が望ましい

く。ターゲットとするべき対象は2つ、第1に現地の旅行会社、2つ目はメディアである。

まず旅行会社へのアプローチから。これは規模の大小を問わず、当該デスティネーションに特に興味を持っている、あるいは持ってくれそうな旅行会社を数社でいいから選定し、関係づくりに全力を傾注する。第1段階では、責任者もしくは旅行企画担当者に、デスティネーションを見てもらわなくてはならない。商品となるべき地域をよく理解し、好きになってもらうことが最優先事項である。あるいはこれなら売れると、確信してもらうことが絶対不可欠である。その旅行会社がSITのような専門店系なのか、FIT系なのか、あるいはマスツーリズム・低価格志向なのかの見極めも重要である。

いずれにせよ、彼らにとっての新デスティネーションとして、扱い人数の多寡はともあれ、まず成功事例をつくりたい。そのためには、最初から多数の旅行会社を狙うのは避けるべきであろう。とっかかりとして誰もが、トラベルフェアの類に出展することを考える。あるいはパーティーを開いたりして、1対多数の場を設定するかもしれない。これらはイニシャル・コンタクトの形成には有効だが、肝心なことはその後のフォローである。先にも述べたとおり、その旅行会社あるいは担当者と、どこまでいい信頼関係が築けるか、これにつきる。

インターネットを前提とするマーケティングなら、旅行会社は不要と考える向きがあるだろう。着地型商品さえ十分に用意し、それを対象国の言語別に情報化すればいいのではないかというものだ。これを機能させるためには大切な前提条件がある。まず、デスティネーションに興味を持ってもらわない限り、インターネットへのアクセス自体が発生しない。つまり古典的セオリーに言うところの、注意を引き、興味を抱かせるという初期アプローチ抜きでは、そのあと来るべき欲求も、検索も、購買行動も発生しないのである。この詳細は次節で。

＊参考文献：鈴木勝『観光立国ニッポンのための観光学入門―実践編―』（ＮＣコミュニケーションズ）、嶋田郁美『ローカル線ガールズ』（メディアファクトリー）

三位一体のプロモーション

インターネットの普及により旅行市場も大きく変わったとされる。

しかし消費者の心理や、購買への動機付けといったプロセスは変わらない。特にセールスや広告宣伝の基本構造が変わったわけでもない。マーケティング上の技術的な側面における変化である。

02

さて、観光局によるセールス活動の続きである。

新しい市場においての宣伝やＰＲ活動と、旅行会社に対してのセールス（商品づくり、販売への呼びかけ）は、同時進行的に行われることが望ましい。旅行業者はいずこにおいても、比較的企業規模が小さく、自力で新しいデスティネーションのマーケティングを起動させることが難しい。そこで観光局がＰＲの面から彼らの商品づくりを動機付け、販売支援などを行う。時には彼らのパンフレット作成コストや広告費の部分的負担など、販促リスクの分担まで踏み込むこともある。

この際、特に重要なことは、観光局と旅行会社に加え、航空会社が一致協力してセールスにあたることである。これを「三位一体のデスティネーション・プロモーション」と呼ぼう。メインのキャッチフレーズ、キービジュアルとなる写真などを揃えつつ、三者が三様に新しい当該デスティネーションを市場に訴求する。

的を絞ったセールスアプローチ

新しい旅行先の販売促進は、旅行会社にとっても航空会社にとっても、先行投資という意味合いをもつ。したがってお互いのメリットは一致するうえ、相乗効果を期待できるし、あるいはリスクの分担もしあうことができる。セールス面における航空会社の影響力は、旅行会社に対しても小さくない。もちろん直接市場に呼びかける力も同様である。かつてのように大きな広告宣伝力を、航空会社に対して期待することはできない。しかし、ＰＲやセールスの面において、観光局や旅行会社との共同歩調を期待することは十分可能である。三者が持てる資源（人、予算、ネットワークなど）を出し合い、同じ歌を歌うことができれば、マーケティングの効率を著しく高めることができる。

具体的な商品開発や商品化の前に、旅行会社の企画担当者や、マスコミの観光担当記者などを当該観光局の地域に招待して、直接彼らによる見聞、旅行体験をしてもらうことが、非常に大切なプロセスである。これを研修旅行と言ったり、ＦＡＭ

(Familiarization Tour＝親しくなってもらうための現地踏査。ファムツアー）などと呼んでいる。旅行会社とメディアは別々に扱う。それぞれの志向が異なるからである。これも年に何回か、できるだけ多く行いたい。この場合、経費面で大きいのは航空運賃である。航空会社の協力姿勢が明白であれば、空いている席を無料で、これに融通してもらう。地上経費（宿泊、食事、観光、移動、ガイドなど）は観光局側で各方面に協力を依頼し、実費負担をなるべく少なくする。

旅行の企画担当者あるいはセールスマンなどに、当該地域を本当に気に入ってもらい、「これなら売れる、あるいは、必ず売る」という意志と確信を持ってもらわなくてはならない。メディアの人たちに対しては、「最大のニュースバリュー」の提供を心掛ける。

観光局（サプライヤーの代表）、旅行会社（市場サイドからのバイヤー）、そして両者をつなぐ橋という役目の航空会社。この三者によるジョイントプロモーションをうまく稼働させることが、観光局によるデスティネーションのマーケティングを、最も効果的に遂行する鍵になる。

旅行会社のキャラクターもいろいろである。たとえばＭＩＣＥ（Meeting＝会議、Incentive＝報奨旅行、Convention＝大会、Exhibition＝博覧会など、マイスと呼ぶ）というビジネス分野に特化しているところがある。クライアントに対して、常に新しい旅行先やアイディアの提案を行わなければならない。面白い、あるいは目先の変わったプランを常に求めている。教育旅行専門の会社もある。旅行目的を特別な興味分野（Special Interest Tour＝ＳＩＴ）に絞り込んでいる会社。あるいは手の込んだ内容を要求する個人客中心のところも増えている。

観光局としてはこれらの中からどこを選び、一緒に当該市場に打って出るのか、十分な見極めが必要である。手始めは数社でいい。あれもこれもを狙うと、散漫なセールスに終始する。的を絞って売り込み、その中からきちんとした成功例をつくりあげることが肝心である。ネットの普及により、旅行会社の存在理由が一般的には薄れてきた。しかし逆に、専門的な付加価値創造力を持つ旅行会社は、かえってその存在価値を高めている。特に中国や韓国、アジア諸国から日本へというツーリズムにおいては、旅行会社が果たす役割はまだまだ大きいし、欧米からにしても、旅慣れた個人旅

●観光局セールスの具体的指針

1

旅行会社の先行投資にリスクシェアを

2

観光局・旅行会社・航空会社の協働を

3

キャッチやキービジュアルの共通使用

4

FAMへの参加をなるべく多く誘導する

5

旅行会社の得意な分野をよく見極める

6

高付加価値型旅行社へのアプローチを

7

かゆいところに手の届くサイトを用意

8

過度なイメージアップは不満足に直結

9

消費者の口コミは時間と空間を超える

10

具体的な商品抜きのサイトは不十分

行客を除いては、旅行会社が活躍すべき範囲が大きく残されている。いきなり「着地型」などというのはまだ早い。

消費者はネットで体験を共有する

前節で少し触れたが、古典的な広告理論では消費者の行動は、①注意（Attention）、②興味（Interest）、③欲求（Desire）、④記憶（Memory）、⑤購買行動（Action）という5段階によって説明されてきた。しかしネットの普及以後、広告の専門家たちは①②の次を③検索（Search）、④購買行動（Action）、⑤共有（Share）に置きかえ、AISAS＝アイサスと表現している。外からの広告情報などにより引き起こされた①②を受け、消費者は自分からネット上でより詳細な情報を引き出しにゆく。そして購買というアクションにつながるのだが、重要なところは共有⑤である。従来は消費者による商品などの評価は、口コミで友人知人などごく狭い範囲にまでしか伝えられなかった。しかしネット時代の口コミは、サイバー空間の中で時間と距離を超え、ときに世界中にまで瞬時に伝わってゆく。情報の受信人だった消費者が、極めて強力な発信人に姿を変える。ネットという道具を手にした消費者は、中立的に情報を伝える媒体＝メディアとして、大きな力を持つことになった。この部分がかつてとはずいぶん異なる、広告技術のうえで強く意識せざるを得ないフィールドになっている。

したがってツーリズムにおいても、マーケティング上、③の検索に対応すべき、具体的で正確な、かつ魅力的サイトが用意されなくてはならない。消費者の視点から、かゆいところに手の届く情報提供やリンクがなされているか。一方、あまりに実体と離れたイメージアップが行われるとマイナス効果を招く。過度の期待は現実とのギャップにより、いともたやすく「不満足」の共有⑤に直結するからである。これは「満足」より足が速い。

以上、いかに効果的な宣伝やＰＲが行われるべきか、それをどれだけ効果的な検索結果につなげるか、先の三者の協力態勢はますます重要になっている。もちろん消費者に対する注意①と興味②のプッシュ抜きに、③の検索＝情報プルが行われることはない。

＊参考文献：佐藤尚之『明日の広告』（アスキー新書）

地域を理解してもらう研修旅行

商品開発の担当者は、売る確信に基づきその商品をつくる。どんな商品のセールスマンだって、その商品をよく理解しなければ売れない。旅行商品は形がないだけに、いっそうこの原点が大切である。しかし現実は、そのプロセスが無視されやすい。

03

さて前節で触れた、旅行会社のためのＦＡＭ（実地踏査・研修旅行）につき、もう少し詳しく説明しておく。

まずはＦＡＭを実施する以前に、具体的な旅行商品のイメージあるいは仮説を、観光局のほうでつくっておく必要がある。どこの何をどのように売ってもらうのか。時期はいつがいいのか。特定の場所や旅行ルート、お祭りなどのイベント、あるいは食べものとか自然の現象など。望ましい滞在日数について、さらには近隣地域との連携、そのほか。

こうした腹案をある程度観光局のほうで固めてから、まず宿泊機関など地元の関連サプライヤーに十分な理解を求め、受け入れや経費負担の協力も依頼する。航空会社にも同様である。この協力いかんによって、受け入れ可能人数が決まる。実費負担をサプライヤーや航空会社に協力してもらえないと、観光局としての立場はきつい。空いているスペースを、サプライヤーから先行投資的に提供してもらえるよう、普段からのコミュニケーションを、しっかりとっておきたい。特に航空会社との間では、年間どの程度の協力が可能か、人数の目安をつけられるようなら理想的である。

ＦＡＭの実施は、グループでする場合と個人単位の場合とがある。現場のスタッフとシニア経営者層では扱いも異なるであろう。特に企画担当者など個人を特定して招待する場合は、日程調整が難しい。したがって受け入れの前提を団体ベースとはしないで、先方の都合に合わせ、個別に行う場合が出てくる。また販売担当者などであればば必ずしも個人を指名しなくていいが、企画・販売・仕入れなど以外の、現場と無関係なセクションからの参加は、原則的に控えてもらうべきだろう。

企画担当者には、レンタカーと1日当たりの定額経費を予算化し提供、先方の望みどおり旅行してもらうケースもあり得る。観光局サイドの意図や都合とは別に、日程は先方のアイデアに任せ、好きなように視察してもらう。この場合の前提となるのは当然、新企画や新コース設定の確約にあるのはいうまでもない。

狙いをはっきりさせること

これは何より航空会社の姿勢次第だが、キャンペーンテーマを決め、「とにかく一度来て、見てください」と、広く業界に参加を呼びかける場合がある。あくまで当地域に対する、業界内のファンづくりを目的とするようなケース。あるいは航空会社の低需要期対策として、旅行業関係者に無料航空券を提供し、有料同行者を募ってもらうことで、ある程度オフ期の穴埋めと、新規需要の開拓を狙うような場合である。

ＦＡＭの内容や日程は、対象市場によって異なる。韓国と中国では違うし、さらに欧米からなどのものならなおさらであろう。冒頭に述べたとおり、商品の仮説に合わせたＦＡＭ内容が考えられなくてはならない。ツアーを実施することが目的ではなく、ＦＡＭの結果として新しいツアー企画をしてもらうこと、さらにその先には販売による市場の獲得がある。ＦＡＭの実施で満足してしまうことのないよう、関係者一同留意しておきたいことである。

この本ではおおまかに、都道府県単位レベルの「地域観光局」をイメージしながら、その具体的なインバウンドマーケティングの技法を述べている。ただし現時点における対外マーケティングは、日本全国を、北海道、東北、関東、中部、北陸、関西、中国、四国、九州、沖縄といったような10ブロックほどに分割し、それぞれが持てる特徴の訴求を競い合うのが現実的だと考えている。かつて日本人は、ロンドン・パリ・ローマを8日間で回り、「ヨーロッパへ行ってきた！」と胸を張った。今では各国の努力の結果、たとえばイギリスなら、イングランドからスコットランドまで地域ごと、さまざまなツアーバリエーションが出来上がっている。湖水地方でのハイキングを目指す人も少なくない。しかしある程度意図的な市場への働きかけが行われない限り、なかなか新しいツアーや旅行企画のパターンは広がらない。あれだけ広く、魅力的な地域が無数にあるアメリカがいい例であろう。日本人の一般観光客は西海岸の一部、ラスベガス、グランドキャニオン近辺、東部はニューヨークとフロリダの一部にしか足が延びない。観光デスティネーションとしてのアメリカ全体像や、その四季の魅力について、日本人になじめるほどの情報発信がほとんどなされていないからである。宝の持ち腐れになっているのだ。

個々の光を集めて日本をアピール

だから、日本にやってくる外国人たちに、札幌・東京・京都8日間で「日本はオシ

●研修旅行（FAM）の基本とつくり方

1

FAMの目的やテーマを確定しよう

2

サプライヤーたちに十分な根回しを

3

航空会社との協働がいちばん大切

4

招待する人を目的別によく選んで

5

個人と団体双方のツアーを考える

6

参加者側の都合を最優先すること

7

当地ファン作りという動機も大切

8

アイデア次第で大規模イベントに

9

近隣地域との協働を常に考慮する

10

最終目的は新企画立案とその集客

マイ」などと考えてもらったのでは困る。あるいは欧米からの旅行者に、日本は「中国旅行のオマケ」だから数日あれば十分、と考えられてしまう恐れも現実化している。それを避けるには、ひとり観光庁のみならず、日本のあらゆる官民セクター、地域、人々がこぞって「日本の文明の磁力」を発揮し続けなくてはならない。そういった発想からJNTOも各地域も、初めから日本を10ブロックに分けてブランド化する。そのもとで、各地域の魅力や観光商品を並べるほうが、相乗効果が出るであろう。

本書の始めのほうで述べたが、日本は決して小さな国なんかではない。仮に韓国や中国からの日本旅行が3泊4日の安・近・短パターンだったとしても、せめて上記10ブロックを1回ずつ、あるいは四季それぞれの楽しみを味わってくださいと。そのくらいの大きな間口を展開しておかないと、先々数千万人のインバウンドをこなすことは難しい。

私がニュージーランド観光局にいたとき、国全体を8つに分け、4シーズン旅行してくださいという戦略を立てた。「ニュージーランド旅行はアルプス、季節は夏」という固定観念の上に、旅行会社や観光客が動いていたからだ。各地域にそれぞれ街道を指定、歴史、温泉、庭園、太平洋、ペンギン、鯨、翡翠、アルプス、という8つのブランドをふった。ニュージーランドの観光サプライヤーは1万6000社あるが、それぞれ規模が小さく、85％までは従業員5人以下の家族経営に近い。観光マーケティングの基本に、地域とシーズンの「分散化」をおくのが必然だったのである。上記ブランドのもとに、各地の魅力をまとめ、パンフレットや地図、写真やCDを揃え、最低でも10年計画の覚悟で、日本市場におけるマーケティングを開始した。四季それぞれの特徴をアピールしたから、8街道で4シーズン、最低32回はニュージーランドへどうぞという、言わずもがなのメッセージである。

したがって先の10ブロックに即し考えるなら、自分の地域のみならず周辺地域と協力し合いつつ、魅力の多い商品とFAMをつくりたい。

＊参考文献：野村浩志『私、フラワー長井線「公募社長」野村浩志と申します』（ほんの木）

04

メディアによるＰＲ効果の最大化

地域観光局の役割はＪＮＴＯ（日本政府観光局）以上に重要である。時によってはＪＮＴＯより、その存在を強く主張しなくてはならない。

よその企業や関係機関とのコラボレーションも欠かせない。地域観光局の守備範囲はどこまでだろう。

本書の冒頭で述べたように、観光局の仕事の半分はＰＲ（広報）にある。観光局にとって最大の腕の振るいどころといっていい。したがって、普段から各種のメディアといい関係を保っておくのは、観光局の不可欠な作業である。言葉の壁がない国同士ではすでに、観光局が旅行会社への働きかけをしないで、インターネットサイトとメディアに対応する広報活動のみ、つまり一般旅行市場に直接働きかける業務のみに、限定しているところが少なくない。それだけ需要が多彩になり、特異な商品やサービス分野を持たない旅行会社の、存在理由が薄れてきている傾向がある。

多大な予算をかけ、メディアのスペースや時間を買う広告展開は、ツーリズムの世界では航空会社を除くとそう多くない。観光関連業界は、サプライヤーの経営規模が大きくないせいもあろう。むしろ何らかの地域ニュースや旅行関連記事、あるいは番組の形で取り上げてもらうほうが、ずっと露出が大きいし、市場の反応もいい。記者や編集者とカメラマン、あるいは番組制作チームの手伝いや、現地の取材経費負担があったとしても、普通の費用対効果は単純な広告よりはるかに大きい。こうした露出量のことを、ＥＡＶ（Estimated AD Value＝ＰＲの広告費換算効果）と呼んでいる。したがって観光局のＰＲスタッフの仕事ぶりは、このＥＡＶの大きさにより評価されるといってもいいだろう。それだけに観光局の広報部は、メディアが取り上げてくれそうな「ネタ」やアイデアを常に探し、準備しなくてはならない。観光局は一般企業とは異なり、公的機関としての位置づけにある。だからここから発信される情報はニュースとして取り上げられやすいし、場合によっては扱いも大きくなる。また新聞などが報じた記事を、他の媒体がフォローしてくれるケースもあるだろう。取材にかかわる費用は可能な限りサプライヤーなどに現物提供を仰ぎ、直接費用支出を最小化することが観光局広報部の使命でもある。

自分でつくるネットワーク

このような理由により、想定する市場におけるメディアとの定期的なコンタクトが、観光局にとって最優先事項になっている。自治体や地域によっては、独自のそうしたチャネル作りに時間がかかることが多い。とりあえず最初のコンタクトは、ＪＮＴＯ

（日本政府観光局）の出先の協力を仰ぐことから始めなくてはならない。あるいは出先の大使館の協力を仰ぎ、特にテーマを決めたメディア用レセプションを開催するなどの方法もある。国の方針として観光立国がうたわれて以来、テーマ次第では外務省や大使館の協力も期待しやすくなっているはずである（違うかな？）。

観光局のＰＲというのは、単にニュースリリースを流すとかメールニュースによる、ありきたりのコンタクトを言うのではない。テーマや題材を決めたら、それにふさわしいと思われるメディアに持ち込み、あるいは売り込みに行く。この作業を、ことによるとＪＮＴＯの本部経由で、相手先に働きかけてもらうこともあるだろう。各国の政府観光局は、こうしたＲＴＯ（Regional Tourism Office＝地域観光局）活動支援に相当力を割いている。場合によってはＲＴＯのものを、ＪＮＴＯのプロジェクトにしてもらう方法もある。いずれにしてもテーマをしっかり相手に説明し、先方に「面白い、報じる価値がある」と思ってもらわなくてはならない。取材の前に、人間的な興味や共感をもってもらう必要があるのだ。この順番に従うなら、日本の各ＲＴＯは、ＪＮＴＯ職員に対し定期的なデスティネーションセミナーや、ＦＡＭを実施しておく必要がある。まずはわが身内のＪＮＴＯ担当者にこそ、しっかり地域を理解してもらわなくてはならないからである。

雑誌などとのＰＲ契約交渉の際に留意しておきたいことは、編集部あるいはカメラマンとの間に、取材で撮った写真をＲＴＯで利用させてもらえるよう、事前の了解を取り付けておくこと。これを以後のＲＴＯの、サイトやパンフレットなどに使わせてもらうべく交渉する。新鮮な写真が揃うだろう。取材終了後では、なかなかこうしたことにＯＫはもらいにくいが、事前条件の１つとしてお願いすると、了解してもらえるケースがなくはない。もちろん版権は先方にあるし、先方の記事に使用した後の流用を認めてもらえば十分である。もしかするとＲＴＯによる使用の際、撮影者のクレジットを入れておけば、カメラマンの販路が広がる可能性もありうる。

ガイドブックへのインプット

ここでぜひ指摘しておきたいことは、現地で発行されている「日本のガイドブック」編集部とのコンタクトである。ご存知のようにガイドブックの編集は、すでによく知

●PRにおけるメディアとのかかわり方

1

観光局の仕事の半分は広報にある

2

メディアとの長い信頼関係構築

3

メディアの報道は連鎖する可能性

4

報道に値するニュースを用意する

5

取材者の共感獲得と地域の理解を

6

取材写真の2次使用を交渉しよう

7

取材日程の組み立ては相当柔軟に

8

報道に対応するサイトの準備が不可欠

9

ガイドブックへの売り込みを必ず

10

JNTO職員へのセミナーを定期化する

られた都市や地域が中心になっている。特によそから何らかの新しい情報インプットがなければ、何年かごとに行われる改編もまた、それら既存地域中心のままであろう。したがって、その編集部に働きかけ、自分たちRTO地域の特徴をしっかり説明する。そしてぜひ一度といわず、取材に来てくださいと勧誘する。ことによっては、出版コストの若干の負担を覚悟していいかもしれない。パリにおいてJNTOが、ミシュランの編集部に相当な働きかけを行ったことはよく知られている。宮本常一さんではないが、どんな地域にも必ず、そこならではの価値や魅力が備わっている。マスメディアとともに忘れてならないのは、こうしたガイドブックへのアプローチだ。

次に取材日程に関して。なるべくフレックスな対応を心がけたい。滞在・取材時間、日程などに、あまり固く縛りつけた手配は問題である。1日自由な時間を中に入れるとか、アポイントが若干ずれる可能性を取材先に含めておくなど、柔軟な配慮をしておきたい。場合によっては取材対象の拡大や、カメラマンのシャッターチャンス待ちなど、思わぬ時間がかかることが生じがちだからである。納得のいく取材環境を作ることが、ひいてはこちらが納得のいく露出につながると考えるべきである。

そしてメディアによるプッシュ（注意や興味の喚起）の次は、消費者の手によるプル（情報検索）が始まる。これに対応すべき情報準備も、当該言語において、サイトの中にあらかじめ十分な準備が、なされていなければならない。特にホームページでは関連サプライヤーとのリンクや、同じく、いつ、どこで、何が、どのように、そしていくらか等々、きわめて具体的かつ詳細な、いわばかゆいところに手の届く情報提供がなされる必要がある。せっかくプルに来た消費者をここで放してしまったのでは、文字どおり元も子もない。

というわけで、メディアのＦＡＭには、旅行会社向けＦＡＭとは全く異なる配慮が必要である。

＊参考文献：ピアーズ・ブレンドン『トーマス・クック物語』（中公新社）

効果的なＰＲ編集の仕方

インターネット万能の時代だが、市場へのアプローチにはなんらかの印刷物が欠かせない。定期的に届けたいＰＲ紙もあるだろう。インターネットサイトのコンテンツはさらに細心の編集やアップデートを心がけないとそっぽを向かれてしまう。

05

いろいろな会社や組織からPR紙（誌）が送られてくるが、めったに読む気にならない。たいていはゴミ箱に直行する。何度か見ようと思いページをめくっても、面白くない、時間の無駄と思わせられることが続くと、しまいには封も切らないままゴミ箱行きとなってしまう。大いなる無駄というべきであろう。観光局が発行しているPR紙にもそんなものが少なくない。最近はこれがかなりの部分メールニュースなどに切り替わっているので、紙に頼る部分は減っている。しかしそのコンテンツに必要とされる、基本的要素に変わりがあるわけではない。頼みもしないのに先方から届けられる「広告みたいなもの」としか考えられていないようでは、せっかくつくる価値も意味もない。

質の高い内容と表現を

ところで「広告だって」クリエイティブがしっかりしていれば、思わず見入ってしまう。まさに注意や興味を抱かせるに足る、十分な力を持つものである。しかしたいがいは自分が言いたいことだけを、あからさまに表現しているだけだから嫌われる。美しくもなくスペースや時間を汚しているだけのものでは消費者が注意するはずもなく、たとえどぎつく記憶に残ったとしても、それは商品のネガティブ評価に直結するにすぎない。

したがって観光地から発せられるPR情報は、印刷物、ポスター、あるいはインターネットにしても、消費者が素直に振り向いてくれるような「内容と表現を共に」備えていなくてはならない。有料の新聞や雑誌の編集方法をしっかり学ぶことが極めて重要である。どんな記事が消費者の注意を引くのか。どんな見出しのつけ方がインパクトを持つのか。写真の使い方はどうなっているだろう。客観性というポイントもまた極めて重要である。もちろん読みやすい文章や文体でなくてはならない。しかし得てしてPRの印刷物やメッセージが失敗するのは、言いたいことのみを相手に届けるという、送り手の身勝手な都合にしか神経を使っていないからである。

ここで観光局が発行する印刷物、特にPR紙あるいはサイトの編集について、必要なセオリーを見ておきたい。幸いなことに観光あるいはツーリズム関連のフィールドは、限りなく広い。6次産業といわれるくらいだから、これに「人」の要素を加えれば、ネタに困ることなどありえないし、やり方次第で極めて注目度の高いメディアになりうるのである。また観光局の発行した印刷物や情報が、マスコミの注意を引きつける場合がある。観光局のPRがきっかけで、その事象をマスコミが独自取材でフォローし、より大きく取り上げてくれたとすれば、PRとしてはこのうえない成功である。というわけで観光局のPR担当には、すぐれた編集者センスが欠かせない。一方的に言いたいことを並べるだけでは仕事にはならないのである。

では対外的に魅力ある観光PRのコンテンツについて考えてみよう。ある程度継続的に、じっくりその地域の魅力を浸透させてゆくべきやり方についてだ。まずは表現についてだが、なるべく第三者によるレポートという体裁を維持したい。質の高い依頼原稿は最も望ましい。取材記事仕立てでインタビューもしっかりやる。5W1Hや数字などを押さえ、リアルな情報を届けたい。時間、距離、値段、高さや幅、温度そのほか、何によらず具体的数値をはっきり入れること。時にはネガティブと思われるような記事もあったほうが自然である。転んでもタダでは起きない文章力の使いどころでもあろう。客観性という媒体としての信頼性をキープするためには、こちらに都合のいいと思う情報ばかりをストレートに盛り込んでいたのではうまくいかない。

記事の見出しや小見出しにしっかり神経を使いたい。新聞記事の組み方（レイアウト）や見出しのつけ方、あるいは週刊誌や月刊誌の広告から学ぶことも多いはずだ。ただしスポーツ新聞によくあるような、やたらセンセーショナルな見出しのつけ方は避けるべきであろう。

見出しのつけ方と写真が勝負

写真の使い方も極めて重要である。まずイメージとして使用する写真は1点だけ、大きく扱う。あれもこれも入れようと、小さなスペースに何点もの写真を押し込むべきではない。仮に1点1点はいい写真だったとしても、相殺しあってしまい、何も伝わらない。ポスターによくあるのだが、せっかくのいい写真が小さく扱われたり、キャッチフレーズやボディコピーがかぶさって意味がなくなったりしているケースだ。写真もコピーも双方が意味を失っている。おそらくデザイナーが苦心してつくりあげ

●読んでもらえるコンテンツづくり

1
新聞や雑誌の編集の仕方を十分見習う

2
PRしたいことをストレートに言わない

3
大見出し小見出しのつけ方が勝負である

4
メインにアピールさせたい写真は大きく

5
人の顔や子供および動物は訴求力が大きい

6
1点の写真とそのキャプションを大切に

7
文字と写真は分け、可読性を重視すること

8
5W1Hを守り、リアルな紙面をつくること

9
具体的な数字や数値をしっかり押えよう

10
常に読むほうの身になって考え編集する

たものに、シロウトのスポンサーが口を出し、あれも入れよ、これも必要だなどと、よけいな要素を後から突っ込んでしまうせいであろう。また原則的に写真とコピーは別扱いにし、コピーの可読性をよくすること。そして説明的なカットとして使用する写真には、必ず具体的にキャプションをしっかり書き込むことが肝心である。たんに「イメージ」などと、いい加減なことで済ませるのであれば写真自体が不要である。

インターネットのコンテンツづくりの際も写真の扱いには注意したい。インパクトのある初期画面作りのためには、いい写真をなるべく大きく打ち出したい。そこから次に引っ張ってゆく。また1つの画面に何点も写真を入れる場合は、それぞれを大きく引き伸ばして見られるようにしておくべきである。文章のほうはむしろ写真に詳細なキャプションをつけるつもりくらいのほうが、説得力が出るに違いない。記事の目次にも、なるべく興味を引きつけるような文章作成を心がける。文章を読ませるには、見出しが勝負なのである。

さて記事の方はデスティネーションから市場に向けたニュースだから、あまり一般的な意味合いにおける観光にこだわらないほうがいい。①季節のニュース、②イベントやお祭りなどの観光ネタ、③各種産業関連、④歴史や民俗、暮らし、⑤食べものやお酒、⑥時の人、名人、⑦子供の話題、⑧名物、⑨物価、⑩旅行記、⑪インタビュー記事、⑫ニュース価値のある個別のサービス、営業、価格など。まさに受け手にとって「ニュースに値するニュース」を、客観的視点から報道する。公的機関が発行するものだから当たり障りのないものだけ掲載、などと言っていたのでは、ゴミ箱直行間違いなしである。観光局からのお知らせなどはどこかの片隅に囲み扱いで十分である。当の地域が、面白そうな、行ってみたくなるようなソフトな記事で埋める。ダイレクトに「おいで」と言わない。地域が持てるすべての「磁力」を動員する。狙う市場を想定し、その言語に置き換えて発信する。

＊参考文献：酒井順子『日本観光ガイド』（光文社）

06

的を絞ったコミュニケーション活動

観光局マーケティングの効率を最大化するためにはセールスとPRの範囲をなるべく限定して行うことである。特に日本の地域観光局が対外的に広く呼びかけてもあまり意味がない。そして常に日本観光局や在外大使館の協力も得ておきたい。

観光局のセールスやPR活動のためには、使いやすい連絡先のデータベースが不可欠である。メールニュースの配信はもとより、セミナー、研修旅行、イベント案内そのほか、目的に合わせた連絡先一覧がたちどころに抽出できるよう、内容を常にアップデートしておかなくてはならない。地域、業種、性別、履歴、タイトルなど、目的に合わせたリストがすぐに抽出可能な状態を保持する。それらは現在までコンタクトがあったり名刺交換をしたりしてきた相手をはじめ、今後有効と思われるところが可能な限り広くカバーされることが望ましい。

それらをざっと並べてみよう。①旅行業者関連、②マスコミや各種メディア、③ライター、旅行作家、写真家などクリエーターたち、④ツーリズム関連の研究者、学会関連、⑤官庁や自治体などの国際交流課関係者、⑥教育旅行関連教員（学校の修学旅行担当）、⑦姉妹都市や経済分野の交流関連担当者、⑧広告、プロダクション関係など。このほか有名人やタレント、スポーツ選手など、理由のいかんにかかわらず地域を訪れてきた、オピニオンリーダーたちまでカバーする。

メディアとの緊密な信頼関係を

再三にわたり観光局のＰＲの重要性を述べてきたが、このようなコンタクト先に面白くて密度の高いニュースを定期的に届けることが、販売促進上欠かすことのできない作業である。英語にも〝Seldom seen soon forgotten.〟とか〝Far from the eyes far from the heart.〟などという言い回しがある。どのような手段であれ、興味を引きつけるべき当地ニュースを仕立てて発信する。

前節でも述べたとおり、ＰＲのコンテンツは第三者からの情報が最も望ましい。それゆえ、これらのリスト中にある人々から体験やコメントを書いてもらったり、インタビューを仕込んだりできれば、リアリティーのある記事構成が可能になる。ニュースの受け手が時には発信者になる。時にはクレームや注文がつくかもしれないが、そのほうがむしろ現実感が出るだろう。

一般の旅行者から体験談を寄稿してもらうこと、あるいは投書欄などもあるほうが面白い。プリントメディアはコストがかかるうえ、制作にかかわる手間や配信費用も大変だが、依然印刷物ならではのメリットは少なくない。メディアとしてのクオリティーが高く、発行部数がそれなりに多くなれば広告の掲載を行い、その収入をコストの一部に充てることも可能だ。最近各地で話題になることが多いフリーペーパーだが、観光局によるPR紙とフリーペーパーのコラボレーションなどが考えられるかもしれない。

こうした定期的な、あるいは随時のニュースにより、当地への関心や親近感を高めてもらうこと、あるいは当地に関する記憶をリフレッシュしてもらうことが、さまざまな形で波及効果を獲得してゆく。もちろん発行すればいいのではなく、読むに値するコンテンツが勝負である。

またメディア向けの、定期あるいは随時の記者会見（プレスミーティング）を行うことも大切である。媒体側も常に「報ずるに値するニュース」を求めている。それに応じられるようなネタを準備すること、あるいはニュースの仕掛けを、いつも心がけておきたい。

観光局としてはメディアとの普段のコンタクトのほか、年に1～2回くらいの頻度でいいのだが気軽な飲食を含めた親睦会、メディア関係者のためだけのパーティーを用意したい。これにはＪＮＴＯ（日本政府観光局）や大使館とのジョイントも考えられるであろう。日本の在外大使館はこうしたことにあまり熱心ではないが、諸外国の大使館はこれを比較的気軽に行い、時には大使自身が文字通り「観光大使役」を果たす。大使館であればそれなりのスペースもあり、もちろん通常は観光局よりプレステージも高いから、招待されるほうの期待や注目率が上がる。こうしたことについても、観光局サイドからの普段の働きかけや説得が必要であり、こちらから出かけていかなくてはならない。

10年現在、政府は対外的な観光誘致予算を増やしている。インバウンド目標数値も20年度３０００万人※に引き上げられた。こうした文脈の中では、在外大使館としても従来の外交という範囲をもっと広げ、観光交流までを視野に入れたソフトな対応がなされていい。これからの外交には民間レベルまでを含めた緊密な関係構築が必要であり、とりわけ観光という双方向の交流が盛んになればなるほど、これが外交や貿易までを下支えすることになる。

●ネットワーク効率の最大化を図る

1

コンタクトリストは不断のアップデートを

2

観光関係に限定せず広い範囲をカバーする

3

PRには第三者の視点からの情報を活用

4

有名人をなるべく多く観光大使に起用する

5

プレスミーティングは定期的に開催する

6

リアリティーの高いニュース作りを心がける

7

旅行業界のツアープランナーたちを組織化

8

旅行業界のトップたちによる応援団の形成

9

大使館や大使の協力を要請し見方につける

10

人間関係づくりは観光局の基盤整備である

旅行業界のサポーター組織化

余談だが最近マスコミで報じられた、日本の在外大使館が数万円もする高級ワインを未使用のまま何千本も廃棄しているというニュース。もちろんメディアにとって高級ワインでもてなされれば悪い気はしないだろうが、それほど気をつかうことはない。もっとフツーのワインやビールで十分である。

こういう働きかけの目的は、言うまでもなく当地のファンづくりにある。同様な「組織化」を狙うべきは、旅行会社の企画担当者とトップマネジメント層の2つ。できればそれぞれ別に組織したい。企画担当者には定期セミナーや会合により、不断に当地情報をインプットする。観光局により組織化されたという、特定のクラブメンバーになってもらうことで帰属意識を高めたい。

マネジメントレベルの面々にも、固定化された「ご当地応援団」を構成していただく。メンバーの条件は、当地取扱旅行商品のクオリティーや人数、業界への影響力の強さなどが基準になる。こちらは基本的に夫婦でのメンバー化が望ましい。年に何回かの親睦会や当地へのＦＡＭを通じ、業界におけるチアリーダー役を担っていただく。現地サイドの旅行業協会トップにもメンバーになってもらうのが理想的であろう。このメンバーに対するＦＡＭは、日程をゆったりしたものにして、１カ所にのんびり滞在するような形が望ましい。目的は当地に対するより深い理解と親近感を持ってもらうことである。時に当地側の観光関係者たち（サプライヤー）との会合あるいはセミナーに参加してもらい、最近の市場動向について語るとかサプライヤーの質問に応じてもらい親睦交流を深める。こうしたＶＩＰクラブのメンバーには当地観光局の出先機関あるいはＪＮＴＯの局長が、さらには大使にもメンバーになってもらうことが望ましい。そんな手間隙をかけてまでと思うかもしれない。しかし、このような地味なアプローチこそが、観光局のソフトインフラ整備なのである。

※政府の新成長戦略（２０１０年６月18日閣議決定）では「訪日外国人を２０２０年初めまでに２５００万人、将来的には３０００万人」と目標設定している。

＊参考文献：アレックス・カー『犬と鬼』（講談社）

07

国際的な観光商談会に参加する

海外旅行と国内旅行という区別があるのはなぜか。日本という国境をあまりに意識しすぎなのではなかろうか。国内旅行は安くやさしく、外国旅行は何か別格のような思い込み。市場もデスティネーションも商品も国境を越える時代だ。

日本旅行業協会（ＪＡＴＡ）が主催する国際観光フォーラム・旅博２０１１が、９月29日から4日間、東京ビッグサイトで行われる。英文表記はJATA Tourism Forum & Travel Showcase 2011。かつては旅行博とかＷＴＣと称したが、今年から「ＪＡＴＡ旅博」あるいはＪＴＳという呼称に変わった。

世界１３０カ国あまりからのサプライヤーや観光局が東京ビッグサイトに集まり、彼らが持てる観光資源を日本のバイヤーと消費者にアピールする場である。日本のアウトバウンドをテーマとした、旅行・観光業界最大のイベントといえるだろう。国際の観光会議が初日に、旅博のほうは旅行・観光業関係者のみを対象として１日（Ｂ to Ｂ）、続いて一般向けが週末2日間（Ｂ to Ｃ）という日程になっている。

ニッポンを元気に

しかしＪＡＴＡは今年度特に、これをニッポン・ツーリズムの「対外的な復興宣言の場」としても位置付けている。スローガンは「日本を元気に、旅で笑顔に」。日本の各自治体など、国内各地のサプライヤーや観光局などにも出展を呼びかけた。ビッグサイトに集まる10万人の消費者に対し、海外と国内双方の新しい旅行情報を提供する。もちろん海外からのサプライヤーに対しては、日本への売り込みだけでなく、ニッポン各地の元気な観光情報を本国に持ち帰り、発信してもらうことをもくろむ。つまりビッグサイトという場を、国内海外という境を取り払った、国際観光の双方向乗り入れ市場《いちば》にしようという意気込みである。確かに旅行や観光を、国内・海外といって区別する必然性などもはやない。新聞広告を眺めれば一目瞭然、値段からして国内旅行よりはるかに安い、海外旅行や航空券の広告が氾濫している時代である。（話の筋はそれるが、このような状況が海外旅行に対する「夢も希望も」はぎ取ってしまったかに見えもする）

この旅博とは別個に、観光庁や日本観光振興協会が主催する国内旅行促進目的の「旅フェア」（B to C）とか、同じく観光庁が出資するインバウンド振興のためのB to Bイベント「ようこそJapanトラベルマート」がある。国内・海外を分けて考えるという、旧態依然の観光行政と業界構造が、そのままこうしたイベントのあり方にも反映されている。

かつては日本の国際貿易収支・黒字減らしのために国交省はアウトバウンド観光促進の旗を振った。時代が変わり潮目も変わって、国交省・観光庁は地域振興や人口減少傾向に対応するべき経済振興策として、インバウンド促進に躍起となっている。

しかし21世紀は国境を意識することなく、地球をひとつの観光舞台と捉えるべき時代になってもよさそうだ。そうすることで、ニッポンのサプライヤーは海外のサプライヤーと同レベルに並び立つ。ビッグサイトという場にやってくる入場者は、国内海外という壁を超えた情報に接する。逆に海外からのサプライヤーたちも、日本のバイヤーのみならず、日本のサプライヤーと肩を並べる。旅博と旅フェアを合体させ、ずっと大型規模にして入場者も数十万人レベルを目指すという、思い切った改革があっていいのではないか。沈滞気味とされる日本の観光市場へ、相乗効果が期待できるに違いない。我々が、あえて国内・海外の線引きをすることにより、日本人の国際的開放度にブレーキをかけている。さらに地球規模の視野を持ちにくくしてもいる。旅行業者を第1・2・3種に分けて考える必要など、もはやまったく意味がない。旅行業法の大幅見直し（あるいは廃止）はこの方面からも必至だ。

ＪＡＴＡ旅博とよく似た性格を持つのが、世界最大のツーリズム・イベントとされるＩＴＢベルリンである。参加人数もイベント会場の規模も、そこに集散する最新の旅行・観光情報も旅博の数倍という、途方もないスケールを誇る。世界中からのサプライヤーと、同じく世界中からのバイヤーが集まり、具体的な商談を行い、情報と人脈の交換を行う。単なるドイツの旅行市場という範囲をすっかり超えているのだ。ＢtoＢに11万人、続く一般公開日には17万人もの人々が会場を訪れ、その場でその年のバカンスプランを決めている。

まずよそをしっかり観察して学ぶ

ＪＡＴＡ旅博から目を転ずると、身近なところでは香港国際旅行展示会（ＩＴＥ）とか、中国の国際旅遊交易会（ＣＩＴＭ）、韓国国際観光展示会（ＫＯＴＦＡ）などがある。今後、日本の地域観光局などが新しく対外的な観光誘致策に乗り出す時には、ぜひこうした国際的イベントに出かけ、実際に見てほしい。どんなところが、どんな

●国際的トラベルマートなどへの参加心得

1. 貪欲な学習意欲を持って臨むこと
2. 英文名刺は最低でも300枚は用意せよ
3. 組織を代表する存在であることを意識する
4. 何事によらず投資効率という意識を明確に
5. 3分でも1時間でも自在なプレゼン準備を
6. いろいろな人に思い切って話しかける積極性
7. ヒト・モノ・コトすべてをしっかり観察する
8. 観察結果は克明にメモしておくこと
9. あらゆる人間関係は意外な人脈につながる
10. 明るい笑顔は世界共通のパスポートである

ふうに、どこに対して呼びかけているのかを見る。その効果的なあり方を学ぶ。まずよそのやり方をじっくり観察するのである。出かけていくからには名刺の数百枚は用意する。シンプルでもインパクトの強い印刷物をひとつでいいから準備する。地域を代表する自分の顔を売っておくため、これはと思うブースでは積極的に自分を売り込む。意外に先方組織の上職者にも出会える。

ブースのデザイン、人員の配置、パンフレットやＣＤのつくり方、気配りの仕方、さらにはセミナーの仕込みやＰＲの手法まで。有効な出展と無駄な出展。やる気の有無などは一目でわかる。概して民間出展者ほど熱心で、公的出展者ほど何が何でもという懸命さに欠けるのがわかるだろう。全く国費や税金の無駄遣いと思われる参加の仕方によく出くわす。出展者の顔つきや態度にまで、そのあたりがはっきり反映されていて面白い。形になっているものと形になっていないものの、すべての情報を集める。感性のアンテナを高く張りめぐらせて学習する。そしてそれらの内の一番効果的なものを真似し、さらに改善する。予算が確保できたら、1年かけ上記の販促ツール、相手をの準備や出展計画を考える。パンフレットに始まるプッシュ用の販促ツール、相手を引っ張り込むサイバースペース内のさまざまな仕掛け。丁寧で、簡潔で、パンチのある映像。

セールスやプロモーションに関しては本書でかなり具体的に述べた。しかしそうした取り組みの前に、上記のような国際イベントをまず見て回る。気になったところのホームページを覗いてみる。よそがどんなやり方をしているのか、世界の流れはどんなふうに動いているのか。それをざっくりとでもつかんでおきたい。具体的な取っかかりはそれからでも遅くない。常に自分たちは何をどうするべきか、先行事例から学ぶに越したことはないのである。まずはＪＡＴＡ旅博などをじっくり観察することから始めてみるべきだろう。

ちなみにＢtoＢが主体のＩＴＥは6月開催、今年の特別テーマとして健康医療、グリーンツーリズム、クルーズが取り上げられており、およそ50カ国から６００以上の出展がある。

＊参考文献：山口誠『ニッポンの海外旅行』（ちくま新書）

Chapter 04

第4章 観光ニッポンの装置と制度

01

大交流時代を支える基幹空港システム

いよいよ羽田空港の国際化がスタートした。アジアからのLCC（ローコストキャリア）乗り入れも始まっている。スカイマークがA380という800人乗り超大型機を国際線に投入するという。

日本の国際化へ向け、鍵を握るのは首都圏空港である。

10年10月、羽田に新しい国際便のターミナルがオープンした。国際基準からするとまるでおもちゃ並みの小さなものだが、ともあれの第一歩である。

世界の常識日本の非常識というか、いまや国際ハブ空港というのは24時間営業が当たり前になった。ターミナルはまるでひとつの都市に近い機能を備え、トランジットラウンジに商店街はおろかホテルやスポーツジム、ところによっては美術館まである。広い空港のゲートからゲートへの移動に、電気自動車のタクシーサービスまでが見られる時代だ。日本の相当な田舎に24時間営業のコンビニはあっても、首都圏に24時間営業の空港はない。いつの間にか成田は大変な国際ローカル空港になった。

最優先されるべき国家的課題

本書としては、日本への玄関に当たる空港問題にも一度触れておかなくてはならない。日本を国際旅行市場でどう売るかという視点からすると、空港問題は決定的な重みを持っている。地方に道路を、新幹線を、空港を、港湾を、というオハナシが今までは全くドメスティックな視点からしか発想されてこなかった。地方の各地に90以上もつくられた空港はほとんどが「つくることに価値あり」だった。国際交流とかインバウンド、アウトバウンドの視点とは無関係に空港という名の地元にカネが落ちる公共工事が必要とされてきただけである。国民も国の発想も海外旅行なぞは特に不要不急、首都圏空港整備は税金の使い道としてずっと後回し、だいいち夜中にヒコーキが飛ぶなぞメイワク極まりない。政治家や役人たちの発想も、こうしたやっかみ気分から大きく出ていなかったに違いない。国際化の視点が国家的課題としてしっかり国民に理解され、十分な説得や代替案の提示がなされていれば、成田闘争などは避けられていただろう、というのはあながち後知恵ばかりではない。国家の強権でことを運ぼうとしたお上の思い上がりと、さらに日本人の島国性が、日本の国際化や国際交流の重要性という議論を覆い隠してしまった。勤勉倹約貯蓄こそ日本人の最高価値という「キンジローDNA」が、健全なツーリズムの発展を阻害している向きもなくはない。

さて、羽田を本気で国際ハブ空港にというなら、せめて滑走路6本を整備するくらいの覚悟がなくてはならない。もちろん鉄道、特に新幹線網との直結まで視野に入れた、「国際空陸交通一体化システム基幹拠点」としての羽田を構想することである。そこまで踏み込まなくては意味がない。現在、成田／羽田間の乗り継ぎには最低3時間半もかかっている。これこそハブ空港としての決定的欠陥である。国内国際間乗り継ぎにこれだけ時間がかかる首都圏空港システムというのは、語るもはばかられるギネス記録ものになっているのだ。

また横田基地の米空軍により東京の制空権がとられたままというのも、独立した国の首都というにはあまりのお粗末さである。羽田に離着陸する航空機は例外なく、太平洋を大きく迂回しなくてはならない。日米安保条約を根本的に見直す必要があるのは、ひとり沖縄だけではないのである。

全日本の出入国のうち6割を扱う首都圏空港をなかば閉じたままで、日本人の国際化もようこそJapanもないだろう。国際空港は道であり駅である。国内にこれだけ道も駅もせっせとつくるのに、まだ日本人は国際駅の必要性に理解がない。政治家たちが狭い自分の選挙区しか見てこなかったせいもある。それに輪をかけているのが小さな成田空港をそのままに、世界各国から60社にも及ぶ航空会社に待ったをかけ、「需要が高いから空港着陸料は高くていい」と胸を張る国交省の役人たちである。

東京／大阪間を1時間で結ぶリニアモーター鉄道（以下リニア）建設費が9兆円。200年に1度（あるかもしれない）の大豪雨に備えるためのスーパー堤防に12兆円。これはさすがにスーパー無駄遣いとして仕分けられたが、12兆円といえば大災害時に1000万円ずつ120万人に配ることができる金額である。200年に1度の水害罹災を想定した土木工事より、そちらへの積み立てをやれという納税者も多かろう。羽田の第4滑走路に8000億円。道路網整備のためさらに60兆円もの支出が見込まれているらしい。国家的見地からのこうした予算配分、優先順位の決め方はどうなっているのか。日本の観光のみならず、広範な分野における国際化の必要性はいまさら言うまでもないし、首都圏における成田の国際ハブ空港化は、焦眉の急というべき最優先事項であろう。

ハブ空港なくして地方空港なし

ひとつの解決案という成田／羽田間のリニア鉄道化は、コストが1兆6000億円と見積もられていた。直線で60キロメートルほどの距離にすぎないから、時速400キロメートルなら10分、500キロメートルなら8分で両空港はつながる。東京湾の下をトンネル化するのは長さがほぼ青函トンネルと同じ。リニア技術もトンネル掘削も日本にとっては何ほどのことでもあるまい。羽田を第1ターミナル、成田を第2ターミナルとしてそれぞれ24時間稼働させれば、仮に羽田が滑走路4本のままだったとしてもトータルのキャパシティは倍加する。日本と中国、韓国、アジア諸国間を今話題のLCCが自由に飛び交い、欧米などへの長距離便も自由に時間帯を選べるようになる。国内便や鉄道網に自由にアクセスできるようになるから、地方の経済も空港もずっと活性化するだろう。

国交省や観光庁はことあるごとに、外国人の旅行者1人当たりの消費額は18万円、日本人の国内宿泊旅行消費額1人当たり5万4000円をアピールしている。地域の定住人口が1人減っても、外国人が7人、国内旅行客なら宿泊客が22人、日帰り旅行客なら77人がやって来れば経済的には釣り合いが取れるというのだ。日本に現在の英国並み、約3000万人の外国人がやって来れば、それだけで単年度5兆4000万円の収入である。こうした直接効果のみならず、輸出入の活性化や国際間交流の拡大による各種経済波及効果は、どのように算出されるであろう。それと先の成田・羽田一体化案とのバランスを勘案すると、堤防や必要でもないダムなぞを考えているヒマなどないことは、子供にもわかる理屈である。あるいはこれからつくる道路60兆円分との、費用対効果の比較をしてみるべきだ。

『トラベルジャーナル』誌10年5月3・10日号に、九州交通ネットワーク高度化協議会が発案した「AirQ」という構想が紹介されている。半年遅れで11月5日に朝日新聞も報じた。要は、九州にある8空港と中・韓・台を90人乗りジェット10機で1日35往復、年間86万人のお客さんを無料送迎するという思い切った計画である。このために九州だけで通用する地域通貨バウチャー10万円分を買ってもらう。人口減、地域活性化、空港活用という3点を一挙に解決する。お土産屋さんへの無料送迎バスという発想をここまで大胆に発展させた。これでも実現に200億円がかかるらしい。九州という一地域が、これだけの発想をできる時代になってきた。果たしてどこまで行けるだろう。ネガティブ要因をどこまで消し込むことができるか、今後に注目といったところである。

日本各地の地域観光局はひとごとではない。道州制みたいなブロックを想定した場合の地域行政も、じつは首都圏空港整備と直結しているのである。国際ツーリズムにおいてイン・アウトが3000万人ずつならすべてが今の3倍規模、ハブ&スポークのシステムも機能するだろうから、地方空港も多くが活性化するからだ。経済効果にのみ着目してインバウンドをいうのみならず、アウトも活性化させる双方向の交流を目指さなくてはならない。

*参考文献：寺島実郎×佐高信『新しい世界観を求めて』(毎日新聞社)

02

世界の若者に長く滞在してもらおう

若者を日本に引き寄せる努力を怠ってはならない。彼らは気に入れば長く滞在する。彼らの持つ情報発信力は絶大である。

彼らがニッポンを理解しファンになってくれるというのは将来的に計り知れないメリットをもたらすだろう。

昔話をしてみよう。かつてアメリカに「99日間99ドル」という、バス乗り放題のパスがあった。1960年代のことである。こちらの月給はまだ3万円未満だった。北米大陸をくまなくカバーしていたグレイハウンドというバス会社があり（おそらく現在も存在しているはずだが、詳しい状況は把握していない）、カナダ、合衆国、メキシコにまでそのネットワークは広がっていて、国際観光客は上記パスさえ購入すれば、どれだけ走ってもよかった。当時は1ドル360円という固定相場の時代である。しかし1日1ドル、これで3カ月余り、自由に北米大陸のどこまでも行ける。これには夢をかき立てられた。70年代に入ってのち30日間99ドルに短縮されてしまったが、この切符のお世話になって北米大陸を回った若者は少なくなかったはずである。『ヨーロッパ1日10ドルの旅』というアーサー・フロマーのベストセラーを、瀧本泰行さんが日本語に訳し出版したのが1976年のことだ。

新規投資不要の振興策は何か

自分はグレイハウンドを使って、バンクーバーから出発し大陸を横断、東海岸を下がり、南部から中央部、西部を通ってロサンゼルスへと周遊、西海岸をバンクーバーまで北上した。宿代を浮かすため、長距離バスの中で眠ったこともある。しかしこの放浪で得たものは決して少なくなかった。

さて、今の日本にはこうしたよその国からの若者の夢をかき立てるような、サービスや制度があるだろうか。観光立国の掛け声のもとに、英語、中国語、韓国語表示などが進められているが、若者にとってはどうでもいいことである。40年前、パリのオペラ座周辺にたくさん掲げられたお土産屋さんの、日本語表示がわずらわしかった。諸外国における日本語表示自体に期待していなかった。実際の旅行時点では、道路や鉄道の標示にローマ字はありがたい。だからホテルやレストランなどが、いくつもの外国語訳を各々で用意するのは当然のことである。しかし、駅や街頭に日本語やローマ字のほか、いくつの言語まで併記すればいいのか。それより先に、「ぜひ行ってみたい」と思わせる運賃面の優遇制度などが提供されるべきではないのだろうか。

JRパスをみると長期滞在用はない。のぞみの利用が除外されているなど、単なる意地悪としか思えない制限もある。空いているなら乗せればいい。現代日本ならANAパスやJALパスがなぜ用意されないのだろう。スタンドバイのみでもいいから、1カ月あるいは3カ月パスなどがあれば、世界中の若者の興味をかき立てるに違いない。日本は南北に3000キロメートルもあり、決して小さい国ではないのである。レンタカーで回る若者向けに、日本中の高速道路割引フリーパスはどうだろう。1週間単位などというケチなことをいわず、実際の利用者がいようがいまいが、1カ月単位、半年くらいまでのパスを用意してみたらどうか。

欧米やアジア諸国からの若者に、北海道から九州まで、ゆっくりあちこち回ってもらえるようにする。国や民間がそんなシステムを協力して作り、PRする。それこそ観光立国の具体策として、大した予算をかけることなくできる、インパクトの大きな「仕掛け」ではないか。日本全土もさることながら、北海道や九州、四国など、地域全体有効の立体交通パス制度が、バス路線も含め考案されたら面白い。写真入りのかっこいいプラスチックカードなど、日本ならお手の物である。

個人の情報発信力を活用する

いわゆるバックパッカーが増えたところで、大した収入にはつながらないと考えたら大間違いである。もはや1日10ドルとはゆくまいが、それにしても長期になれば総額は馬鹿にならない。またそうした直接的経済効果とは別に、彼らが世界に発信してくれる情報量こそ、半端なものではないはずである。若い感性に訴えるべき日本の魅力は決して少なくない。歴史や文化、自然、食べ物、人々の暮らしぶり。クールなニッポンを彼らがどう発見するだろう。日本に長く滞在し、各種体験の質と幅を広げることで、日本に対する理解が深まる。あるいはワーキング・ホリデーとの組み合わせで、日本社会そのものを体験する。彼らの一人ひとりが、さまざまな滞日経験を語ることこそ、かけがえのないニッポンPRになる。

大学生あるいは30歳までくらいまでの年齢制限による、若者優遇制度のもたらす最終的な効果はとてつもなく大きい。彼らが滞在しているうちに、友達や家族がやって

●若者旅行者誘致の優待アイデア例

1
鉄道や航空便の長期割引制度

2
全国高速道路網の利用割引制度

3
各種観光施設入場料の割引制度

4
国公私立大学学生食堂の開放

5
宿泊施設の季節や平日割引適用

6
映画館の外国人用学割システム

7
全国国立美術館博物館共通パス

8
全国公衆温泉施設外国人優待パス

9
国や自治体が持つ図書館利用の促進

10
外国人学割有効諸施設群検索システム

くるかもしれない。今は貧乏旅行をあえてしているが、将来どんな旅行者になって帰ってくるだろう。あるいは仕事を通じ、どんな大きな訪日ビジネスをもたらしてくれるだろう。多少の運賃割引などは将来の有望市場育成のための呼び水と考えればいい。それで本来の売り上げが減るわけでもない。まさしく本来的な意味からの「プロモーショナル・フェア」である。ユースホステルは言うまでもなく、都市部のカプセルホテルだって彼らには大きな魅力だ。

東京下町の「澤の屋旅館」を、インバウンドの世界で知らない人はいない。ここのご主人の澤さんによれば、澤の屋に泊まるお客さんのうち、訪日前に旅行計画を全部決めてくる人は4分の1弱。半数は旅程の5割ほどしか決めてきていない。3割ほど決めてくる人が13%、何も決めてこない人が11%いるという。日本の地域観光局にとって、これはかなり期待の持てるデータである。JNTO（日本政府観光局）が最近発表した数字では、韓国からの旅行者は、すでにFIT比率が7割を超えている。諸外国の、特に若い人たちは、日本人ほど引っ込み思案ではない。欧米の若者たちは言うに及ばず、これから急増するであろう東南アジア諸国の若者たちもまた然りである。

彼らがなるべく長く滞在できるような、あるいは滞在したいと思わせるような、旅行の仕組みやサービス体制をつくりたい。観光庁やＪＮＴＯはぜひこうした事柄に手を付け、イニシアティブを発揮するべきである。

もし本気で観光立国を言うなら、国は国土交通省のみならず総務省以下その持てる力を結集するべきである。外国人向け全国の国立美術館共通パスがあっていい。新規の投資など何も行わなくても、アイデア次第でどうにでもなる「観光資源」は無限にあるのではないか。査証制度の見直しなど言うまでもない。若い人たちのソーシャル・ネットワークを起動させる。彼ら自身を日本への磁力に仕立て上げる。息の長い経済効果が後に続くだろう。

まだまだ日本の社会インフラが、観光立国に活かされているとは言いにくい。

＊参考文献：高野秀行『異国トーキョー漂流記』（集英社文庫）

観光の資源大国ニッポン

日本の各種産業に手詰まり感があるなかで、わずかな投資に対し大きなリターンが期待できる分野というなら、もはやツーリズム以外にないと言っていいくらいだろう。

持てる資源の賢い活用を目指さなくてはならない。

03

ある人が茨城県大子町にある古民家に連れて行ってくれた。田んぼの向こうに、とても大きな茅葺の一軒家が、小高い緑の丘を背にして建っている。堂々としたそのつくりはすばらしい貫禄で、しかも美しい。近くによって見上げるとなおさら、ほれぼれするような風格である。この家に住んでいるのは、70歳を超えたかと思われるドイツ人の陶芸家だった。娘さんと2人でギャラリーも経営している。あまりに素晴らしい大きな建物なのでいろいろ話を聞いてみると、ここらあたりの庄屋さんの家だったらしい。ところが跡を継ぐ人がいなくなり、誰も住まなくなって廃屋のまま倒壊寸前だった。それを偶然彼が見つけて買い取ったのだという。

これ以上古いものを捨てないで

どれだけの金額を古いこの家の再生に使ったかわからない。しかし、もう個人の力では持ちこたえられないかもしれないと、ドイツ人の彼は淋しそうだった。少し前まではこうした豪壮な古民家があちこちにあった。しかし茅葺屋根の修繕や葺き替えひとつ、個人にはとても手に負えない負担になるから、どんどん古い家がなくなっていると陶芸家は残念そうである。このような民間の「文化財」が日本中から姿を消しつつある。その価値を外国人が理解し、救ってくれている。しかし地域の行政も人々も知らぬふりだ。

大子町から30キロばかり南にある常陸太田市。かつて町の中心は、太田城跡がある鯨ヶ丘という小高い丘一帯だった。そこには今も江戸時代からの古い街並みが残っている。しかしここもシャッター通り化しつつあり、同時に高齢化が進行中。ところが丘から東の方を見下ろすと、昔は広々とした田園だったと思われる平野部に国道が通り、スーパー、ドライブイン、飲食店、ガソリンスタンドなど、新しい大型の郊外型店舗群が広がっている。鯨ヶ丘をオールドタウンとすると、カタカナが目立つニュータウンとの対比が際立つ。市役所もそっちの中央部に陣取っていて、時代とともに常陸太田の中心が、鯨ヶ丘から平野部に下りてきてしまったことがはっきり見て取れる。すべてにクルマが優先されている。

鯨ヶ丘を歩いてみると面白い発見があった。一見とりとめもないシャッター通りなのだが、よく見ると各商店の通りに面した部分だけが、うらさびれた映画のセットみたいに改造されているのだ。つまり各商店の正面だけをはぎ取ってしまえば、黒い瓦屋根と土塀という、落ち着いた昔の街並みが立ち現われるのである。今から半世紀前、戦後の高度経済成長が始まったころ、日本中の町々がアーケードで空をさえぎり、薄っぺらなファサードをつくりつけ、おしゃれっぽさを目指した。重厚な和風を捨て、軽快モダンの欧米風を装った。その典型がここにある。それだけに半世紀たった現在、その剥落ぶりが痛々しい。たぶん鯨ヶ丘の街並み再生にそう大きな予算は不要だろう。表側壁面を取り外し、昔の姿に戻せばいい。それだけでとても美しい小都市がよみがえる。しかし町の行政は、新市街の拡大に注意が向いていて、旧市街の再生に本腰を入れそうな気配がない。

大子町や常陸太田の例を挙げたのは、日本中に眠っている、あるいは消えかかっている地域の「たからもの」について触れておきたかったからだ。観光振興を言うのであれば、まず各地にある古いものを大切にすることである。新しいものをつくることではない。しかし、大抵は何か新しいものをつくらなければならないと考える。地域の歴史文化、自然の素晴らしさに目がいかないまま、よそのマネとか都会風あるいは最悪は外国のマネまでしようとする。

地域の独自性を磨き上げ、観光市場に問うのはけっこう時間がかかる。地域の自然、文化、産業といった事象の見直しから始めなくてはならない。オリジナルを捨てて、手っ取り早い物まね人まねで観光振興などしようとしても無駄である。地元の人たちが、自分たちのところに自信と誇りをもつこと。「住んでよし」でなければ、「訪れてよし」はありえない。お手軽な金儲け観光というのは無意味である。クルマ社会との棲み分けも考えよう。

観光立国を外交にも位置付けよ

地域が持てる自然や文化をきちんと把握し、磨き、しっかり保全しながら、次の世代につないでゆく。この繰り返しにより、おのずから価値ある地域が育つ。だから観光地づくりというのは木を育てることに似ている。子孫へより良い状態にして手渡すべき、祖先からの預かりものである。自分たちの目の前の利害にばかり注意がいってしまうのであれば、いい観光地形成は難しい。ある程度個人的なエゴを、全体の将来のためコントロールできるかどうか。こう言うことは簡単だが行うことは困難を極める。論理の構築としぶとい説得力が必要とされるだろう。地域にいいセンスの観光政治家が要るのである。

したがって各地域観光局の果たすべき役割には、プロモーションの以前に①しっかりした将来像を描くこと、②そこに向かってのリーダーシップ、③住民の参画を求めること、④利害関係の調整、⑤すべからく可能性からの発想を行うこと、⑥古い力と若い知恵を融合させること、⑦地域の価値を住民同士に共有してもらうこと、⑧地域の子供たちへの「観光教育」、などが含まれるはずである。

いろいろな人が二言目には「日本には資源がない」という。そんなことはない、人も歴史文化も、山・森・海の豊かな自然も世界有数、ないのはその有効活用である。たぶん少ないのは再生・再利用不可能な地下資源だけだろう。あるいはもっと安くほかに求めようとしているか。特に観光・ツーリズムのほうからすると、日本こそが大資源国なのだ。そのことをしっかり理解し、力を合わせて活用できる地域が、国内観光にも国際観光にも成功するだろう。何もすべての地域が観光に手を出す必要はない。口先だけの観光では何も始まらないし、結果は失敗に決まっている。特にインバウンドの分野の可能性は無限とも言っていいくらいである。ほんもの、古いものを大切にして磨く。住民が共有する。自然も文化も、より良い状態にして次世代につないでゆく。市町村も、県や広域も、国のレベルも基本は同じである。

もうひとつ付け加えておこう。

本当の観光立国は、国が外交の一環として観光を位置づけることにある。具体策の一例は、フクシマ原発の見極めがはっきりしたら全閣僚が手分けして世界各国を回り、「ありがとう」と「Come to Nippon」を言うことである。観光庁に任せておけばいいというような、小手先の仕事ではない。

＊参考文献：イザベラ・バード『日本紀行』（講談社学術文庫）

Chapter 05

第5章

日本の観光再構築への挑戦

01

観光局の危機管理と対応

この原稿を書いたのは、11年3月13日の朝である。すさまじい地震の2日後だ。国際ツーリズム・マーケティングという本書の趣旨とはいささか異なるものの、この機会だから、観光局の危機管理につきわずかに触れておきたい。

マグニチュードというのは、巨大さ、重要度、恒星の光度、そして地震の規模を表す単位として使われると辞書にある。大津波が港の岸壁を乗り越え、町を飲みつくし、背後の田んぼに押し寄せてゆく中継映像。波頭に横倒しになった漁船があり、車があり、がれきに埋め尽くされた流れの中に、燃えさかる家屋までが混じっている。巨大な水銀に似た黒い流れが、海岸から何キロも奥まで、道路を、田畑を飲み込んでいった。大地震、大津波、大火災に加え、電気や上下水道と交通の途絶、通信網の不能、さらには雪が舞う寒さだ。そのうえダメ押しは、福島の原発メルトダウンという報道である。

危機に対する東電の情報操作

大地震翌日の朝、菅総理が福島原発と、地震被災地への視察にヘリで飛び立った。その時点ですでに放射能の異常につき、一部に平時の1000倍との報道である。午後3時半過ぎに第1原発1号機の水素爆発があり、被曝があり、夜には放射能異常がおよそ9000倍（1時間で1年分）にはね上がったというニュース。3月13日の朝刊にも炉心溶融が報じられ、また第2原発まで同様の事態となり、半径20キロメートルの範囲から21万人の避難が開始された。

地震発生時には、今まで体験したことのなかった大揺れにTVをつけてみると、すでに大津波の警報と避難勧告が連呼されていた。気になる何人かに電話を試みたが通じない。そこであらためて「安否を気遣う」ことの二面性を思う。大地震発生に際し、自分がその時点でできることなど何もないということと、もしかしたら多少なりとも誰かを元気づけられるかもしれないという個人的な想い。もう一方は、それが公共の緊急災害救援体制のための通信網に支障をもたらしてしまうという事実。だとするなら、この際は「便りがないのはよい便り」という開き直りが必要かと思い直す。どうしてもという場合には、電話局の災害用伝言板などが用意されている。

しばらくTVから目を離すことができない。夕方以降暗くなると、新しいニュース映像はなく同じ画面の繰り返しになったのでようやくスイッチを切った。しかし気になったのは、震災翌日の原発爆発を受けての東京電力の記者会見である。記者団に何を聞かれても、「情報の確認中」以外何も言わない。全く意味のない会見である。だが首相官邸との連絡を取り合っているとは言っていたから、余計なことを言うなと口止めされていたのかもしれない。それにしてもお粗末極まりない。原発現場の職員の様子はどうなのか。彼らからどんな報告があったのか。あるいは彼らはもう退避してしまったのか。緊急通信網は確保されているのか。担当者はヘリで現地に飛んだのか。それとも近づくこともできず舞い戻ったのか。要は現場である。現場職員が一番よく事態を把握しているし、しかも専門家たちである。スタジオに呼ばれた学者や評論家ではない。記者団も極めて情けない。そんな肝心の質問を誰もしない。こちらは「半径20キロ以内の住民に避難命令」という事実から、これは何かを隠したがっているなと判断せざるを得ないではないか。極めて大きな社会的責任のある電力会社の、危機管理体制を問われても仕方がないであろう。毎日新聞は経産省原子力保安院が3月12日の記者会見で、今回の事故のレベルを4と発表したと報じている。国際原子力機関が決めた原子力事故の最大値は7。ちなみにチェルノブイリが7、スリーマイル島は5だとある。これ以上にならないことを祈るしかない。

さて大災害発生直後にわれわれができることは何もない。国や地方自治体関係者の対応に期待する以外じたばたしても始まらない。原発の動向も予断を許さない。すでに世界50カ国以上から支援の申し出があるという。われわれにできることは、長く厳しい戦いとなる復興支援である。体力と時間、知恵、お金、物資。それらのうちの何ができるだろう。仮に、直接被害に遭わなかった国民が1億人いたとしよう。1人当たりペットボトル1本分ずつの義捐金拠出でさえ、150億円になる。しかし事態はこれだけ広範囲にわたった、未曾有の「国難」である。たとえば時限立法で消費税を数パーセント上げてでも救済にあてる、というくらいの覚悟が政治家や国民にあっていい。

すでに現時点で、いろいろな人たちの救援活動に関するメールが飛び交っている。ついこの間のニュージーランド地震に際しては、日本のマスコミ報道は日本人の被害とその後の消息のみに終始した。いまこちらに降りかかった災難に対し、いろいろな立場で皆が考えなければならないのは「いつ、自分が、何を、どのように」するか、できるのかということである。おそらくは不眠不休でコトにあたっているのであろう、疲労の色が濃い官房長官の話す顔をＴＶで見ながら、小松左京さんの『日本沈没』を思い出す。もう15年以上前のこととなった阪神大震災から、自分たちは何を学んだのだろう。今回東京は瞬時に公共交通機関が停止、あらゆる道路は身動きが取れなくなってしまった。そこに大津波と火災が襲ったら。車などを諦めた「帰宅難民」こそ、とりあえずの大正解となっていたに違いない。誰しも吉村昭さんの『関東大震災』（文春文庫）くらいは読んでおく必要がある。

観光局ができることは何か

さて話を観光に戻して考える。自分がたとえば宮城県の観光課長だったら、この災害に関し何をどうするだろう。どうしたら罹災者を元気づけられるだろう。観光で何ができるだろう。一般のお客様に、何をどう見せるのだろう。とりあえずできることは、被害の状況を正確にそのまま見ていただくしかない。隠していいことなど何もない。

嘉納治五郎は日露戦争直後、教育目的で東京高等師範の生徒たちを戦跡めぐりの修学旅行に連れ出している。今ならさしずめ「被災地見学と復興支援活動」といったテーマの、大学生対象修学旅行にあたるかもしれない。全国の大学に対し、そんなツアー企画の実施案を発信する。また各旅行会社に対し、同じ目的で一般向けのツアーの造成を依頼することができるかもしれない。旅行会社もツアー代金の一部を復興支援にあてるべく明記する。何かをしたいと思いながら、取っ掛かりやきっかけがなく、手をこまねいている人たちは決して少なくないだろう。事態の動向を見極めながら、リカバリー・キャンペーンについて、ＪＲはじめ諸交通機関や観光業関係者と、何が具体的にできるか協議する。もちろんマスコミに対しても協力を要請しなくてはならない。人はどういう方法であれ、何かしら人の役に立ちたいと思う。しかし災害時など、かえって現場では手足まといになってしまうかもしれない。服装、携帯品、心構えなど、詳細な準備事項やマニュアルを用意する。

あるいは知事による、「被災地見学要請メッセージ」を打ち出すくらいの、思い切った手段を提案してみてはどうだろう。とりあえず観光課長の心得としては、①正確な事実情報の収集、②スタッフとの連絡、報告、相談をしっかりやる、③ネガティブ情報を隠そうとしない、④わかっている正確な情報のみを発信する、⑤対外的発信窓口を一本化する、⑥他の関連部課や機関との連絡を密に、⑦逃げないこと、責任逃れを考えないこと、⑧リカバリー策につき、思い切った策と予算案を考え提案する、といったあたりか。

さてわれわれは震災第一報の驚愕、同情、野次馬的な関心を超えて、具体的な復旧のために何ができるだろう。まず誰もが、どこでもできる手っとり早いお手伝いは、金額の多寡にかかわらず義捐金である。JATAなど関係各機関に、意のあるところを送られたい。

＊参考文献：久島弘『ぼくは都会のロビンソン』（東海教育研究所）、吉村昭『三陸海岸大津波』（文春文庫）

02

復興財源の確保と広報態勢

前回は地震発生の直後だったが、今回は3月23日にこれを書いている。以後2週間がたち、さまざまな事態が次第に明らかになってきた。と同時に、世界を震撼させるべき大変な状況が続いている。

国の危機管理を、広報と観光の側面から少し続けたい。

９・11はアメリカにとって「未曾有の国難」だった。ブッシュ政権はあらゆる方面に対し「敵か味方か」と迫り、国内・国際の同情心理をうまく操りながら、思いのままテロ関連法案を次々に成立させていった。

３・11による被害は今までのところ、最大25兆円に上るとメディアは伝えている。復旧財源をどうするかの議論が始まった。前回自分は「時限立法でもいい、消費税を数％上げ救済に」と書いた。これだけの大事態なのだから、中途半端なことを考えても仕方がない。国債発行などは、それでなくても天文学的レベルになっている国の赤字を増やすだけ、問題外である。この際は、等しく国民が感じている同情を、復旧支援の具体的協力に切り替えてもらうしかないと思う。つまりそれが消費税率の引き上げである。

転んでもタダでは起きない

財務省によると、10年度の消費税収は９兆６３８０億円だった。５％の消費税がざっと10兆円とすると、消費税率を9％にすれば年間8兆円、3年間で24兆円の復旧財源確保が可能という計算になる。消費税というのは大きく消費する人には大きく、小さく消費する人にはそれなりにという税制だから無理がない。民主党はブッシュ並みに野党を説得し、マスコミを味方につけ、世論をリードし、これを成立させるしかない。同情は時間とともに薄れてゆく。今すぐ、でなくてはダメである。観測気球を投げ投げ、ではなく真っ向勝負。税金の投入先はあくまで、被災された方々への支援が中心。それと引き換えに被災地域の方々にも、この増税は甘受していただかなくてはならない。ただし、これは原発の状況次第である。場合によってはもっと必要になるかもしれない。アメリカが半径80キロメートル以上にまで自国民に避難を勧告したのは、それだけの根拠があってのことだ。3月23日現在、27カ国の在京大使館が閉鎖、あるいは関西方面に機能移転、米軍家族9000人が日本からの退避を希望中と、報じられている。

しかし国難は現政権の基盤強化に千載一遇の好機だろう。これを逆手に、なんとしてでも持てる知恵と力を結集し、あらゆる策を講じてこの未曽有の事態を乗り越えるしかない。前例にとらわれる必要はない。未曾有というのは今までになかった事態のことである。したがってこの際は「前例がない」などといった寝ぼけたことを、言ったり言わせたりしてはならない。世界中の目が今日本に集中している。日本がこの国難にどう立ち向かうのか、かたずをのんで見守っているのだ。世界からの同情と具体的支援も、かつてない規模（現在１３２の国と地域）で寄せられている。これにもきちんと応えなければならない。

話を国としての観光広報に転じる。

先ほども述べたが、目下何千人かの世界中からのマスコミが日本に押し寄せている。こんな事態は、オリンピックやサッカーのワールドカップどころではない。大変な量の震災・津波と原発に関する情報が、毎日世界中に流されているのだ。この機会をうまく活用できないだろうか。震災報道に少し上乗せし、日本人と日本について、少しばかり角度を変えた見聞をしてもらう。彼らの報道にやわらかさと膨らみをもたせてもらう。

はっきり言ってしまうと、この際転んでもタダでは起きるな、ということなのである。国の緊急対策広報の一環として、大至急特別予算とチームをつくり、国際広報態勢を敷く。内閣広報室でもいい。臨時の国家広報省としてでもいい。スタッフはJNTOをはじめとして、JETRO、JICA、ASEANセンターほか、外務省の人間や、旅行業、国際企業からの出向社員を募る。とにかく語学に堪能な、コミュニケーション能力にたけたメンバーをかき集める。あるいは実務は「JTB×電通」といった民間チームに頼るほうがいいかもしれない。

3月21日に開かれた国際原子力機関の会議に、今回の事故を説明するため原子力保安院の職員が、日本からすっ飛んで行った。ところが会議で配布したのは日本語の資料、各国の委員がアゼンでブゼンだったたと、毎日新聞がそのお粗末さを報じている。こんなことだから、日本の姿はなかなかいい形で外に伝わらない。

世界中からのメディアを味方に

たとえば「Knowing Japan Program」でも「Scramble Japan Program」でもいい、震災報道かたがた日本を見てもらう。特に東北地方を回るツアーでは、温泉に泊まってもらい、そこから被災地に足を延ばしてもらおう。日数は1泊2日から1週間ぐらいのものまで各種用意する。コース設定は北海道から沖縄、小笠原までを広く。テーマをたくさん用意し、選択肢を多くする。日程・中身とともに、興味をしっかり引きつけるプログラム（ツアー）タイトルを考えなくてはいけない。これを外国からの取材陣全員に広報資料として流す。特派の取材陣が日本に滞在している限り、なるべく多く催行する。応募人員によっては他のコースに誘導してもいい。いろいろな人に会ってもらい、地域独特の事象を見聞し、体験もしてもらおう。観光などと言ってはダメである。この際Sightseeingなどやっていられるかと、怒鳴られるのがオチだろう。この戦後最大の災害に耐える日本の諸相を、いろいろな角度と地域から見てレポートしてくださいと、さりげなく誘導する。多少の息抜きになるかも、と思ってもらえればしめたものだ。これを国の特別広報予算でまかなうが、安いものである。通常の観光広報なら向こうからやってくる取材陣の航空運賃をも、こちらが負担せねばならない。

政治、経済、文化、社会、自然遺産や文化遺産、産業遺産、教育、科学、文化、芸

術、スポーツ、芸能ほか、考えられるテーマ、アイデアは限りなく出てくるに違いない。もちろん全員にとって「食」は興味の対象だろう。つまり、「富士山、芸者、新幹線」という日本のクラシックなパーセプションを、世界中からわざわざ集まってくれている報道陣たちによって変えてもらう。リアルなニッポンを発見し、世界中に持ち帰ってもらう。成り行き任せではなく、こちらから積極的に仕掛けるのである。

国際観光、特にインバウンドの分野は、国としてわずかな投資で、途方もないリターンが期待できる分野なのだとわかっている。しかしわずかとはいえ、投資のないところにリターンはない。今まで半世紀以上、国として後押ししてきたいろいろな産業分野、およびそれにつぎ込んできた巨大な国費を思えば、観光に関するPR予算などタカが知れている。観光立国という掛け声だけではなく、実際のカタチをここで見せてもらいたい。2000人の報道陣に一人当たり10万円かけたところで、彼らを日本贔屓に引き込む必要経費はわずか2億円。最高に効果的な広報予算の使いどころではないか。とまあ、以上はひとつの思いつき・着想に過ぎないが、アイデアはいくらでも出るだろう。

現実問題としては、多くの海外メディアが目下その取材拠点を東北や東京から、関西にまで南下させていることだ。日本ではバケツヘリなどのボケた映像しか見ることができないまま、日本政府は4月18日に、原発事故レベルを4から5に引き上げた。欧米はじめ世界のメディア報道は6、最高はチェルノブイリの7である。事故直後の3月12日から日本政府の依頼で、米軍の無人偵察機が1日24時間原発上空から監視を続けており、きわめて鮮明な画像を日本政府に提供している、というのは3月19日毎日新聞のちょっとしたスクープだった。世界中がかたずをのんで見守る意味はここにある。

＊参考文献：ダン・ガードナー『リスクにあなたは騙される』（早川書房）

東北の再ブランド化と世界への発信

3・11津波の2週間後、陸前高田などを数日回ってみた。ボランティアのチームに加えてもらい、自分に何ができるか知るためである。いろいろな人と状況に遭遇し、考えさせられることばかりだった。
ツーリズムという視点から、もう一度振り返ってみたい。

03

見渡す限りのガレキ原に、動くものは何もない。音もしない。寒さのせいもあろう、匂いもない。ブリキのおもちゃを金槌で叩き潰したように、金属の塊となった車が転がっている。無傷に見える車が、ボロボロになったビルの屋上に引っかかっている。大きな二階家が他の家に乗り上げ、窓がすべてとんだ屋内のカーテンが揺れていた。波ではがされた道路のアスファルトは、乱雑に積み上げられた黒いマットレスのようだ。コンクリートの電柱が3つ折りにへし折られている。土盛りの上に敷かれた鉄道が、鉄橋もろとも底を抜かれて消えた。枕木付きのレールが宙にぶら下がっている。4両連結の電車が行方不明、というのが難なく納得できる。はぎ取られたガードレールが紙テープのように、壊れたコンクリートの堤防に巻き付いたままである。高台にある神社境内の大きな杉の木の、海に面した側の太い枝が根元からもぎ取られている。津波の激突をよく凌いだ、というべきなのだろう。

震災ではなく津波の被害

何万トン、何億トンという高速の潮流が町や村を直撃した。水底に巻き込まれ瞬時に破壊されたもの。もみくちゃに転がされ、ばらばらになったもの。それらと、水面に振り回され浮き流されたものが、水が去った跡に重なり合って残されてある。柱や壁、屋根、床などの木材に、泥まみれの衣類やビニール、漁網などがまとわりつき、垂れ下がっている。ついさっきまで使われていた身の回り品、雑誌、植栽、自転車、人形やおもちゃ、ドライヤー、花瓶、ありとあらゆるものが折り重なっている。これらが途方もないガレキ原の実態である。11年4月10日現在、新聞は死者・行方不明者を2万7836名と報じた。

三陸一帯は沈降、隆起、浸食を繰り返したリアス式海岸だから、深い入り江の良港が多い。比較的大きな湾やその奥の細かな入り江に、川が流れ込み大小の平地をつくった。そこに人が住み着き、たくさんの集落を形成して農業や漁業を営んできた。そんな川沿いを津波は数キロ上流まで駆け上がり、道路、畑、建物を徹底的にさらい出した。時には寄せる波より引く波の力のほうが強い。電柱や木々が、ところにより山側に引き倒され、あるいは海側に引き倒されたりしている。どちらも根こそぎである。ある漁師は「自宅が出港していった」と語った。引く波によって家が丸ごと港の外に運び去られたからだ。動物や家畜もまた多くが、このようにして消えた。

ガレキ原と、わずかに残った高台の家々との対比が際立っている。海岸線から少し離れた町や村の建物も、まるで無傷に等しい。したがって今回の災害は、震災というより完全に津波災害なのだ。そのうえにゲンパツという、最悪の人災が降りかかった。またもや「想定外」だとか、「ただちに悪影響はない」などと言い訳がましいセリフが繰り返されている。「バカヤロー」どころの騒ぎではない。

さてそんな中で、被災地の方々のためになにか具体的なお手伝いを、という動きが旅行業の中にもある。一例を紹介しておきたい。

「プライベートな時間を利用し、ボランティアに参加したいと考えている社員が多くおりますが、長い休暇を取って参加することはままならない状況。旅行会社社員として何かできないか？　と職場で考えた際に出た案が、『ボランティア・バス』です」

①バス1台40名、社内有志社員が参加。交通・宿泊・食事などすべて自己負担・自己完結。②毎週金曜日深夜都内発、土日2日間現地でボランティア活動に従事（土曜日夜は東北地区で1泊）、日曜夜都内帰着。③毎週末実施、なるべく長い期間運行したい。

「大型バスを定期的に運行することで、効率よく、かつ社員が長い間、ボランティアに参加できるのではないかと考えます。また往路のバスに救援物資の積み込みも可能です。あくまで弊社社員によるボランティア活動が前提ですが、将来的に口コミで社員外や外国人駐在なども含め、希望者を同乗させ、広範囲に波及させることも考えています」

旅行業界の支援策

これはある大手旅行会社のマネージャーが、RQ市民災害救援センターにあてた協力提案メールだ。関係者から転送されてきた。4月6日現在、双方の間で調整が進み、早急に実施の方向で具体案がまとまりつつあるようだ。同社はこの活動をビジネスとしては考えない旨、はっきり表明している。あくまで旅行会社として何かできることはないのか、という現場からのストレートな問いかけである。

ところで「RQ市民災害救援センター」という組織について。これは災害発生後すぐ3月13日に立ち上がった、全国60以上のNPOや民間組織が参加するゆるやかな運動体である。古くは70年代末カンボジアに起きた難民の支援から始まり、阪神大震災、インドネシアの大津波、中越や宮城の地震の際にも、いち早く救援活動を展開した人たちのネットワークが軸になっている。全国で自然学校や環境教育に携わる人も多い。内閣官房の「助け合いジャパン」というボランティア連携プロジェクトとも協働する。現場で陣頭に立っているのは「NPO法人日本エコツーリズムセンター」の広瀬敏道さんだが、エコツーリズムや地域振興の分野における草分けでもあり、旅行業界にもよく知られた存在だ。

その広瀬さんがこんなことを言っている。「今回の被災地に、なるべくたくさんの修学旅行を誘致できないだろうか。日本は災害大国と言われているが、実は全国の子供たちにとって、体験としてそのようなことを学べる機会は少ない。いわば『災害教育』の必要があると思う。被災地の人たちを元気づけられるし、子供たちにとって現地に身を置くこと自体が貴重な学習となる」。被災地を訪れ、津波についてのレクチャーを受ける。地元の子供たちとの交流。お年寄りの話を聞く。植樹活動を行う。プログラムは無数、少なくともあのディズニーランドに遊ぶより、修学・学習効果は高そう。中国、台湾、韓国はじめアジア各国からの日本への修学旅行テーマとしても、貴重な素材になるだろう。

ビジネスとして「需要」に応えよ

さきのマネージャーは社員のボランティア・バスを、ビジネスではないと断っている。しかし、同じように考えながら具体的活動に結び付けられない、あるいはどうしたらいいかわからないという人は全国に少なくなかろう。世界中にもたくさんいるに違いない。そうした「需要」に、旅行業は応えられるのではないか。というより旅行業が、応えなくてはいけないのではないか。大手旅行会社の東北内営業拠点は、着地型の震災支援プログラムを地域行政などと協力して多く用意し、それを他地域の営業拠点に発信する。各地域はそれを応用し、商品としてどんどん販売する。MICE素材になるかもしれない。「東北温泉と震災復興支援」のボランティアや募金付きツアー。被災地域は宮城、岩手、青森にまたがる海岸線だけでも600キロメートルに及ぶ。地味に過ぎたこの地域を再ブランド化し、あらためて世界に売り出す絶好の機会が与えられたと捉えたい。地域の行政と協働しそんな戦略を考える。弔いや自粛気分を、具体的支援に切り替えよう。インバウンドも国内旅行も、こんな発想から知恵を出し合う。「小さな困難は愚痴を生み、大きな困難は知恵を生む」というではないか。国内旅行もインバウンドも、転んでもタダでは起きないコンジョーが必要である。

＊参考文献：田村善次郎・宮本千晴監修『宮本常一と歩いた昭和の日本［14］』（農文協）

04 国を挙げての日本ブランド促進計画

安全で美しいはずの日本の観光が壊滅状態にある。

放射能汚染への恐怖が津波への同情を超えようとしている。原子力に頼らないエネルギー政策に日本は挑戦できるだろうか。

強い意志と共に皆が力を合わせなくては未来が見えない。

3・11から1カ月半が過ぎた。大地震がきっかけとなった大津波災害に関し、危機管理や広報といった側面から、あるいは観光が果たすべき役割について、これまで論じた。特に政府による広報機能は極めて重要だから、そのための特別組織と予算をと『トラベルジャーナル』誌4月11日号に書いたところ、まさにその当日、いささか腑に落ちない政府広報の展開を目にすることになった。世界の7つの新聞に、菅首相の「お礼広告」が掲載されたのである。

新聞紙面のおよそ3分の1というからA4ほどの大きさか。トップに漢字で「絆」という字が書かれてあり、〝友情をつなぐもの〟という解説。その下に大きくThank you for your Kizunaという見出しである。本文は世界130カ国以上から寄せられた支援に対するお礼、福島原発安定化への努力、日本復活への強い意志、この恩返しを必ずいたしますという約束など。右下に毛筆による菅直人のサイン、その下には締めくくりとして「まさかの友は真の友」というコピーが1行置かれている。首相の顔写真はなく、文字だけ。

なぜ「どうぞ日本へ」と言わないのか

この広告が掲載されたのは米、英、仏、中、韓、露という6カ国の主要紙、予算は3500万円だったという。自分もお礼広告自体には賛成である。しかし、いかんせんタイミングが悪すぎた。この直後、日本は原発事故の危険度レベルを最高度の7とする発表を行ったからである。これではわざわざお礼広告を出す意味がない。それどころか、逆効果になってしまったかもしれない。もう少し原発の様子を見極めてからという、常識的な判断がなぜできないのだろう。別に震災発生後1カ月という日付にこだわる必要はない。こうしたちぐはぐな対応が広報機能の欠如を端的に表している。

本来であれば、このような広告は支援してくれた全諸国において行われるべきである。全面に大きく、もちろん首相の顔写真は不可欠。そのうえ、先の広告には決定的なひと言が欠けていた。それは「どうぞ日本に来てください」というメッセージだ。日本の元気な姿を見てほしい。できることなら被災地に足を運び、地元の人々に声をかけてくれという呼びかけ。観光立国うんぬんは別としても、このメッセージがなぜ盛り込まれなかったのか。被災地の人々をも勇気づけることになる。日本の首相が直接「大丈夫、来てください」と呼びかけることは、世界中に広がっているさまざまな風評被害を打ち消すことにもつながる。しばらく様子を見た後、以上のような形でぜひ再実施してもらいたい。

ところで、原子力保安院による危険度レベルの発表も、世界の疑心をかきたてるような仕方で推移した。新聞報道をたどってみると、3月14日に4、3月18日に5、3月25日に6、4月12日に7。しかも翌13日の新聞いわく、内閣原子力安全委員会は3月23日の段階で危険度7だとわかっていたと。こうなってみると、「保安院」「安全委員会」という名称からして「なんだと、このー」ではないか。

それはさておき、1954年のイギリスにおける原子炉第一号から60年近くがたち、国際原子力機関（IAEA）によれば、10年現在世界中には29カ国431基の原発が運転中、さらに100基近くが建設中あるいは計画中という。トップ3はアメリカ104基、フランス59基、日本54基なのだが、絶対安全という神話にもかかわらず、わずか過去半世紀のうちに3回もの大事故が起きた。今後とも天災人災を問わず、およそ500基という世界中の原子炉は、戦争やサイバーテロまで含めた、より多くの危険に対応しなくてはならない。

原子力に頼らない強い意志を

今回の事故の後の、ギャラップによる世界の世論調査は、原発反対43％、賛成49％。同じく朝日新聞による日本の世論は、原発反対46％、賛成51％。原子力に拒否反応が強いはずの日本でさえ、事故発生後の賛成から反対への移行が12％のみ。なお原発反対は少数派だ。20年に1度くらいの事故のリスクは、直接自分に影響がない限り目をつぶるということなら、政官産学とメディアからなる堅牢な「原発複合体」の思うつぼである。上記世論も、過去半世紀の間に蟠踞（ばんきょ）したこの複合体の情報操作の成果だろう。二酸化炭素を出さない「クリーンエネルギー」が本当なら、東京に原発をつくればいい。原発ルネッサンスなどというまやかしの解体には、相当な覚悟とガマンが必要なのである。

たとえば現在の日本で、原発の代わりに太陽光発電を利用しようとすると、全家庭平均5・5キロワット分の発電機が必要だという。国として新エネルギー政策を採用し、太陽光その他に全面的に転換できれば、各家庭の負担は車1台を20年で償却する程度で済む。このような代替エネルギー政策自体が、新しい大きな産業を生み出していくだろう。

ビジョンを描き、やればできる。技術もある。3・11を新たなきっかけとして、みんなが力を合わせる。新しい国づくりの基礎工事から原子力を排除、という断固たる意志がいる。

さて民俗学者の宮本常一さんの「津波・高潮」という文章（『宮本常一とあるいた昭和の日本No.14東北①』、農文協）に、三陸地方を襲った明治29（1896）年と昭和8（1933）年の大津波のことが書かれている。双方とも今回のものに匹敵するような大津波だった。ただ死者の数は明治が2万2000人だったのに対し、昭和は3000人。これは昭和のとき、明治津波を体験した人たちがたくさんいたため、その教訓が十分に生かされた結果だと。19世紀末の日本の人口は4000万人ほどで、今の3分の1にすぎない。明治の津波や昭和の被害がいかにすさまじいものだったかわかる。宮本さんは近世300年の間に、大きな津波が22回も日本を襲った記録があるとも書いている。つまり今回のような災害は、マスコミの一部が叫んだような1000年に1度とか100年に1度といった大げさなレベルではなく、十数年に1度のペースで「頻発」しているのである。国や地方、あるいは企業や個人のそれぞれにおいて、このことはしっかり肝に銘じておく必要がある。それでなくても日本人は過去のことを忘れやすい。各地はすでに新緑のシーズンである。観光をもまた復旧させなくてはならない。政治家たちには福島の野菜を口にしてもらうだけでなく、関東や東北の、いや「全国の観光地や温泉にお出かけを」と、呼びかけてもらわなくてはならない。

観光立国らしいパフォーマンスを

そういえば4月中旬の新聞に、ある香港の旅行業者の話が紹介されていた。中国政府から日本全土への渡航自粛勧告が出されていたにもかかわらず、その旅行社はあえて関西以西への日本の旅行販売に踏み切ったという記事だった。危険だとされるのは遠い関東・東北であり、西日本は全く心配ないのだと。おそらくすぐれた政府広報であれば、すぐさまこの旅行業者の社長を日本に招き、菅首相から感謝状を差し上げるくらいのパフォーマンスを行ったに違いない。外国からのインバウンドをこうして眺めると、日本の外務省が何かあるたび出している「注意」や、あるいは責任逃れとしか思えないような「渡航自粛勧告」が、相手国にとって死活問題であることがよくわかる。4月24日付の毎日新聞1面コラム「余禄」は言う。京都や奈良にまで及ぶ風評被害に「早急な支援が必要だが、一方で移り気な外国人頼りの『観光立国』の危うさもあらわになった」と。日本人を棚に上げ、移り気な外国人とは恐れ入る。

＊参考文献：ジョン・フランシス『プラネット・ウォーカー』（日経ナショナル・ジオグラフィック社）、ヴァン・ジョーンズ『グリーン・ニューディール』（東洋経済新報社）

脱原発へ新たな観光立国の始動

ドラッカーがいまだに多くの尊敬を集めているのは、彼がもつ経営哲学の優れた倫理性によっている。

原発国家利権構造を形成する東芝・日立・三菱、それに東電ほか。ドラッカーならこれらの企業群をどう評価するだろう。

05

今回の震災津波による原発事故の推移を眺めていて、いくつかの論点がはっきりしてきたように思える。自分も含め、多くが薄々感じつつ何となく目をつむってきたことが、「やっぱりそうだったか」と露わになった。専門家の間で原発そのものに対する疑問が早くから出されていたことは、皆が忘れているはずがない。①耐震性や津波など安全面のリスク。②初期投資の膨大さやその保険も含めた経済性。③核廃棄物処理に関する、気が遠くなるような諸問題と時間（これにも経済性は大きく付随してくる）。④技術面で原爆に直結する倫理性の問題、そのほか。

平和利用という幻想とまやかし

にもかかわらず、過去半世紀にわたり政府・自民党・経済界・東大原子力工学を中心とする学者たちの強固な原子力推進複合体は、マスコミを抱き込みながら安全神話を作り上げ、過疎地域を札束で叩き、なし崩し的に54基もの原発をつくりあげてきた。上記のような諸問題の指摘には、無視するか「シロウトのたわごと」と切り捨てた。

国策に対する言いがかりと言わぬばかり。もちろん反原発＝反経済成長という情宣も怠りない。洞窟暮らしがいいのですかと冷笑する。財界こぞってのバックアップを受けた国策には、マスコミも決して表立った反対はできない。広告面での締め上げをほのめかされれば、それまでである。

おそらく原発推進の一番のホンネは、原爆に通ずる軍事核技術の確保にある。軍事力の放棄と非核3原則（これが2・5になりつつある）のタテマエはそのままに、事実上の軍事核能力は保持する。そのことが有形無形の一流国家としての存在証明であり、同時にアメリカとの軍事同盟を担保する。戦力無き軍隊が世界第6位の軍事予算を消化し、永遠の非核を誓ったはずの国家が、いつの間にか軍事核開発能力を完備した。戦後半世紀あまりで自民党がつくりあげた、日本という国のありようはどうもそういうことだった。

しかし今回の大事故により、広瀬隆さんや高木仁三郎さんがずっと以前から指摘した、さまざまな警告や危惧が絵に描いたような現実となった。いったん事故が起きてしまえば一企業の力では補償ひとつ十分には行えず、結局は税金という形で国民全体に跳ね返る。そうしたことは「知らなかった」で済まされる問題ではない、ということを全国民があからさまに理解した。経済的に原発はとても「勘定に合わない」ことが世界中で認識されてきたことを、九州大学の吉岡斉さんが『原発と日本の未来』（岩波ブックレット）の中で指摘している。原発ルネッサンスなどという懸命な原発推進努力のおかげで、中国やインドなどをはじめアジア諸国の中でこそ原発は増加傾向にあるものの、この20年ほどの世界中における原発数は横ばい、全体的かつ長期的な見通しはどうやら漸減の傾向にあるという。クリーンエネルギーなどという文言は、もはやブラックジョークでしかなくなった。二酸化炭素排出量に関しても、原発エネルギー大国ほど、温室効果ガス排出削減の達成度が低い傾向にあることを、吉岡さんは明らかにしている。

「政府による電力会社に対する原発の経済的コスト・リスクの肩代わりを、根こそぎ廃止するべきである。そしてその条件のもとで、電力会社が自由主義市場経済の中で、会社としての将来の存続を図っていくために、自主的に原発事業に対する取り組みを決定できる仕組みを構築すべきである」。つまり、儲かると思うならすべて自己責任で勝手におやりなさいとなれば、電力会社は原発なぞに決して手を出さないと、吉岡さんは言っている。

自然再生型のスローなエネルギー

幸いにして静岡県の浜岡原発運転中止という菅首相の決断が、ようやく国民にも支持されている。原発というシステムが、最先端の科学技術によって100%コントロールできるという保証がない限り、「危うきは止める」に越したことはない。逆に、それが完璧に安全であり、その責任を明確に誰かが取れるなら、首都圏や大阪に都市型原発をつくるべきである。もちろん前提は、自由主義経済の中における十分な採算性。朝日新聞の記者は「科学の目的は無限の知恵への扉をひらくことではなく、過ちの可能性を有限にすることだ」というブレヒトの言葉を引きつつ、かなり遠慮気味な原発への牽制球を投げた。というわけで、日本のエネルギー問題に関しては、現行原発の有効期限を眺めながら新たな追加はしない。古いものから、あるいはヤバそうなところから廃棄しつつ、同時進行的にエネルギー源の多様化・分散化を図る。この支援には、マスコミの責務が極めて重い。

太陽光発電、森林資源の活用、水力発電の小型分散化。こんな動きを見ていると、スローなエネルギーこそ、日本が率先して世界に手本を見せられる分野なのではないかという気がしてくる。新しい産業分野として、とても広範囲な可能性が見える。原発輸出などという禍々しいものに手を染めることなく、他国への技術供与はいくらでもできそうだ。

世界第3位の原発大国が、今回の大災害をきっかけに、持続可能な自然再生エネルギーへと大きく舵を切ったとなれば、国全体が相当な好感度を持って世界に迎えられることであろう。これを首相が世界に大きくアピールする。現行原発の有効期限は最大でもあと30年である。その間を利用しながら、相殺的に代替エネルギーシステムを整備する。それが脱原発へという世界の流れをも、大きく加速させるであろう。

そのためには、先の原子力推進複合体の息の根を止め、解体しなくてはならない。彼らの「反・脱原発」大衆動員情宣活動は、いまだにすさまじいものがあるからだ。原発の必然性を並べ立て、代替エネルギーの可能性を否定・阻害し続けている。力こそ正義、という20世紀型のクラシックな政治哲学をも見直すべきである。もちろん国民一人ひとりが、何らかの我慢、協力、支援を覚悟しなくてはならないだろう。そのくらいは、過去にあった何回かのエネルギー危機を思えば、どうということはない。

観光立国へオールニッポンの対応

さて、なぜこれだけ長々と脱原発の話をしてきたかと言えば、これはわれわれの観光立国という方向性に大きな影響を持つからである。海に囲まれた国。国土7割の森林、温泉や癒やし、流氷からサンゴ礁までの多様な自然。古くからの歴史文化。島国ならではの独特な民俗習慣。そして平和憲法。こうした日本の他国にない特異性は、原子力エネルギーとは相容れない要素ばかりである。これらの観光資源基盤と多様な自然エネルギーの組み合わせこそ、日本の観光立国という戦略に見事にはまる。これを梃子にしてインバウンドをやる。MICEを呼び込む。あらゆる国際イベントを招致するし、出かけてゆく。それこそAll Nippon Tourismの対応を、首相に先頭きってやってもらわなくてはならない。口蹄疫や9・11といった英米における国家危機の際も、諸国のトップは自らそれをやった。世界中から旅行会社を招き、観光促進を面と向かって要請した。いよいよ日本の番である。

「公共の利益が企業の利益となるようにマネジメントせよ」とドラッカーは言った。ここにこそ、アメリカ革命の真の意味があると彼は続けている（『現代の経営』）。国家の経営者として菅首相がこれを受け、Come to Nipponを言う。そして新しい観光キャンペーンにこそ日本の「観光革命の」真の意味があると読み直してくれると、事態はぐいと動く。
＊参考文献：鎌田慧『原発列島を行く』（集英社新書）、開沼博『「フクシマ」論』（青土社）

あとがき

「日中韓3カ国の地域統合を進め、ドルへの依存度を減らしていくべきです。同時に地方産業が成り立つように、漆器や染物といった世界に通用する地方特産品のブランド戦略を早急に講じ、あわせて大々的な観光大国も目指す。そのためには、東北と九州でパイロット的に特区構想を推し進める」

こんな意見が11年8月19日、毎日新聞夕刊の特集ワイドというページに掲載されていた。「巨大地震の衝撃　日本よ！　この国はどこへ行こうとしているのか」という大型連載のインタビュー記事である。ここで語られている内容は、観光に携わっている人たちにとって、とりたてて新しいことではない。しかし語っているのは政治学者の姜尚中（かん・さんじゅん）さんである。このひとの柔軟な発想と広い視野、明快な構想力に啓発されることが少なくない。

「55年体制の構造的な既得権益は強固な岩盤。ここにメスを入れなければならないが、実行できそうな政治家はいない。変えるには、やはり地方の力しか期待できない。もう上からの利益配分にすがるやり方は通用しない。まずは東北、九州から新しくやり直す。待ったなし。新しい方程式をつくらなければならない」。当代きっての政治学者の口から観光大国を目指せという、こんな檄がとんでいる。ついこの間までこんなことは想像しにくかった。それだけ時代が変わったというのと、今回の震災でいっそう日本の問題点がくっきり浮かび上がってきたということだろう。そのうち観光政治学ができるかもしれない。これは半分本気で言っている。

さて、地域に根付いた歴史や文化に裏打ちされない観光は虚しい。どうしても薄っぺらなものになってしまう。江戸時代は日本全体で270もの藩があり、それぞれ自律的な経済や文化を誇っていた。渡辺京二さんの『逝きし世の面影』に詳しいが、明治維新になって一挙に欧米に追い付けと、文明開化の掛け声とともに惜しげもなくそれまでの文化を投げ捨ててしまう。そのころ日本を訪れた外国人たちの多くは、日本の自然や文化を絶賛してやまなかった。

たとえばイザベラ・バードは、のみ・しらみに悩まされつつ東北から北海道までを旅してまわり、各地の美しい自然を、貧しい農民たちの子煩悩ぶりを、繊細な文化レベルの高さを、驚きとともに描き出している。ちなみにこうした反応は、現在の我々がブータンに旅行して抱く感慨と、まったくうりふたつである。最初の世界一周旅行で日本を訪れたトーマス・クックの絶賛ぶりもよく知られている。

すべてを江戸時代にというのではもちろんない。しかしあのころの価値観の中には、捨ててしまうにはあまりにもったいないものがたくさんありそうだ。江戸時代までさかのぼって日本の文化的伝統を見直す、文字どおりの温故知新があっていい。他国との戦争が全くなく、一国としては軍備への実質的浪費が避けられた270年間という歴史自体、世界史上まったく稀有なことである。こうしたことが現在のわれわれに、何らかの影響を残しているであろうことに疑いの余地はない。

明治維新以後の日本は、廃藩置県と圧倒的な中央集権体制をもって欧米の帝国主義をまね、大急ぎで軍事国家をつくりあげた。全国各地に威容を誇ったお城も、ほとんど打ち壊されてしまった。サムライ社会と「遅れた文化」の象徴だったからである。和魂洋才という掛け声もおおきかった。しかし第2次大戦後日本の変化はさらに大きい。経済成長の旗幟とともに1960年代以降の半世紀、今度は日本の自然そのものにまで荒っぽい手を加えた。得たものは大きかったかもしれないが、失ったものもまたあまりに大きい。このあたりは本文中の参考文献に入れた富山和子さんやアレックス・カーの著作を、ぜひ読んでいただきたい。

ともあれ半世紀で失ったものを取り戻すのに、どのくらいの時間がかかるだろう。もちろん全部は取り戻せない。無駄なコンクリートを引きはがし、土を盛り、木を植える。全国の電線の埋設工事だけでも公共事業は続けられる。悪名高い土建屋国家が次の半世紀、環境再生型の土建屋国家をめざす。これなら国交省も文句あるまい。あらたな地域の経済振興策として、面白い結果がでるだろう。森・川・海の一体型自然回復をめざして、観光立国政策の基本においていいのではないか。

明治初期に多くの外国人たちを驚嘆させた自然景観を、少しでも取り戻したい。このような方向への政策転換を、国民は納得し支持するだろうか。姜さんが地方からといっている変化の方向は、こうしたことも含むであろう。経済成長の名のもとに、国の旗振りで痛めまくった国土を、こんどは観光の名のもとに地方が手当てし再生させる。観光大国への、注目に値するチャレンジかと思われる。

新しいもの好きの日本人は、古いものを捨て去るのに無頓着である。しかし観光という面から日本の今後を考えていく場合、昔からの伝統や文化や自然を抜きには取りつく島がない。京都の祇園祭や、青森のねぶた祭りがいっこうにすたれない理由はなにか。我々が諸外国に出かけて、一番心を惹かれる事柄はなにか。我々があっさり捨て去ってきたものごとのうちから、あるいは過去の歴史文化のうちから、奈良・平安・鎌倉などにくらべて、江戸時代が思い起こされる場合が少なすぎる気がする。かつては鎖国を否定的に捉える史観がもっぱらだったが、ここにきて江戸時代を、「鎖国という外交政策」として肯定的に評価しなおす風潮が現れてきている。これも歴史と観光の面白いテーマになるだろう。

10年も前に発足した「江戸城再建」を目指すNPOの活動も、ようやく軌道に乗ってきたようだ。意外な台風の目になるかもしれない。もちろんかれらは、物理的にホンモノの江戸城を建て直すことにより、江戸文化への再認識と再評価、さらにそれの内外への強力な発信をもくろんでいる。たんなるハコもの再建ではない哲学によっている。

外交といえば、第2次大戦後の日本独自の外交はほとんどなかった。寺島実郎さんは、アメリカの有名な外交評論家が最近出した本の中で、日本のことを「保護領」と書いていることを紹介している。世界のホンネは日本をいまだにアメリカの属国とみている。保護領に外交があるわけがない。日本は日本人が立ち入ることのできない基地を、東京23区の1・6倍もの広さでアメリカ軍に提供している。日本が覚悟を決めてやらなければならないことは、日米安保の根本的見直しからだと、寺島さんの指摘はしごくまっとうである。

本気で外交をやるなら、観光こそ外交の重要な柱にしなくてはならない。

それで思い出したが、東京都小笠原村にある硫黄島は、日本の自衛隊が管理していて、旧島民もまだ帰島が許されてはいない。ところが実体はアメリカ海軍の艦載機夜間発着訓練用に使われ、日本に返却されていないと同様の状態にある。硫黄島はその名のとおり南洋にある火山島である。全島に温泉が噴き出している。もしここを民間で自由に使用できるなら、小笠原が「南洋の温泉リゾート」として再デビューできる可能性だってなくはない。グアムから、オセアニアから、あるいはアジア諸国から、空路直接小笠原に観光客を招くことが可能である。もちろん小さな父島に空港をつくる必要なんかなくなる。そういえば、米軍の制空権のお蔭で東京の空もまだ日本の航空機は自由に飛ぶことができないままだ。これほど保護領日本の観光は、意外なところでアメリカの制約を受けている。

「日米安保でメシを食っている人たち。きわめて短期的国益を探求している人たちが、いわゆる抑止力のために米軍は日本に存在し続けなければならない、というシナリオを執拗に提示してきている。その中には学者やジャーナリストも含まれる。そんな低レベルのもたれあい構図ではなく、はるかに次元を高めたところで日米同盟を再構築しないとまずい」と寺島さんの独立論は続く。これまたさきの姜さんが指摘した既得権益の強固な岩盤であり、こうした政産軍メディアの複合体は、もっぱら話題の「原発村複合体」とまったく同じ構造になっている。しかしこれらを解体しつくさないでは、独立も、世界に均等に開かれた観光立国もまたありえない、ということらしい。地域における観光も一国の観光も、よその制約から自由な自律性が尊ばれている。

東京や大阪にはとてもたくさんの外国人が住んでいる。日本の各地域やあるいは単独の温泉旅館でもいいのだが、外国に向けて売り出そうとするなら、この人たちを対象としたテストマーケティングをやってみるのも面白い。かれらのもつ情報伝播力もとても大きい。英語を始めとするソーシャル・ネットワークの起動にも、それなりの期待が持てそうである。こうした人たちを地域に直接招いて、忌憚のない意見を聞くのもいいだろう。地域にいては見えなかった、外からの視点に教えられることも多いに違いない。

観光の概念は変わった。観光を消費する側からの視点、観光を生産する側からの視点。これらのほかに、教育、交流、経済、健康、スポーツ、イベントそのほか、従来の観光では包み切れない様々な事象が観光には含まれるようになってきている。地域振興の側面まで視野に入れると、物見遊山のイメージが強い観光より、どうしてもツーリズムということばのほうを使いたくなる。

また世界観光機関の使うデータの中にはＶＦＲ（Visit Friends and Relatives＝親戚知人訪問）というカテゴリーがある。英国系や中国系ではこの数値がとても高い。英僑や華僑というような2重国籍者の往き来もこれに含まれている。これからの日本がもっともっと世界との交流を広く深くしてゆく中で、日本人であれ外国人であれ、さまざまなタイプのＶＦＲ数が増えてゆくことが望ましい。

ここにまとめた文章は、10年5月から11年6月まで、週刊トラベルジャーナルに「国際観光誘致の技法」というタイトルで連載した。前著が『旅行企画のつくりかた』という、アウトバウンドの旅行商品企画とマーケティングに関する専門書だったから、今回のインバウンド・ツーリズムの基本をまとめたものとのセットで、旅行者を送り出す側と受け入れる側双方の、マーケティング・テキストを揃えることができた。ツーリズムに40年携わってきた現場体験をもとに、この際だからと、あれもこれも並べてみた。長い時間をかけてようやく一区切りつけた気持ちである。勝手な思い込みや不十分な記述、あるいは間違いがあるかと思われる。忌憚のないご意見やご指摘をいただければありがたい。

いつもながら連載を続けてくださった編集長の細谷昌之さん、書籍出版のために編集の労を取ってくださった虹有社の中島伸さんに、深くお礼を申し上げる。

２０１１年10月24日

小林天心

小林天心　こばやし　てんしん

株式会社観光進化研究所代表、亜細亜大学教授、北海道大学大学院非常勤講師。1968年同志社大卒。プレイガイドツアーで30年間海外旅行の企画とマーケティングに従事。ニュージーランド観光局日本支局長、日本エコツーリズム協会事務局長、東京都小笠原観光プロデューサーなどを歴任。著書に『ツーリズムの新しい諸相』（虹有社）、『旅行企画のつくりかた』（虹有社）、『観光の時代』（トラベルジャーナル）などがある。

国際観光誘致のしかた
インバウンド・ツーリズム振興の基本

2011年10月24日　第1刷発行

著者　小林天心
発行者　中島伸
発行所　株式会社 虹有社(こうゆうしゃ)
〒112-0011 東京都文京区千石4-24-2-603
TEL 03-3944-0230　FAX 03-3944-0231
http://www.kohyusha.co.jp
info@kohyusha.co.jp
装本・組版　blanc
印刷・製本　モリモト印刷株式会社

 ISBN978-4-7709-0058-6